キミたちはどう生きるか?

こどものための
道徳

生き方編

明治大学教授
齋藤孝

かたおかもえこ[絵]

ビジネス社

はじめに
～キミたちはどう生《い》きるか？～

2018年度《ねんど》から小学校《しょうがっこう》で、そして2019年度《ねんど》から中学校《ちゅうがっこう》で、道徳《どうとく》が正式《せいしき》な教科《きょうか》となります。いったい、なぜいま「道徳《どうとく》」なのでしょうか。

道徳《どうとく》の「道《どう》」、つまり「みち」とは、人《ひと》はどのように行動《こうどう》すべきか、なにをするべきか、というルールみたいなもの。そして、そうした「道《みち》」をしっかりと行《おこな》う人間《にんげん》の力《ちから》を「徳《とく》」といいます。つまり、行《おこな》うべき道《みち》をしっかりと歩《ある》く人《ひと》を育《そだ》てるための「道徳《どうとく》」が、いま求《もと》められているというわけです。

人《ひと》を傷《きず》つけてはいけないとか、ウソをついてはいけないということは、もちろん「道《みち》」です。それでは、生《い》きるためにほかのいきものの命《いのち》を奪《うば》っていいのか、あるいは、幸《しあわ》せに暮《く》らすためにおカネとどうつき合《あ》っていけばいいのか、といったことについての「道《みち》」はあるのでしょうか。

実《じつ》は、大人《おとな》でもこうしたギモンにうまく答《こた》えられません。「オトナがわからないことなんか、ワタシにはわからない！」と思《おも》うかもしれませんが、それでも、自分《じぶん》ならどうするかをキミたちに考《かんが》えてほしい。そして、社会《しゃかい》で生《い》き抜《ぬ》くための「考《かんが》える力《ちから》」を身《み》につけてほしい。そう思《おも》い、この本《ほん》を書《か》きました。

『こどものための道徳《どうとく》』は「生《い》き方編《かたへん》」「学《まな》び方編《かたへん》」のふたつに分《わ》かれています。この「生《い》き方編《かたへん》」では、日常生活《にちじょうせいかつ》で直面《ちょくめん》する問題《もんだい》を取《と》り上《あ》げました。そして、いま注目《ちゅうもく》の「アクティブ・ラーニング」という学習法《がくしゅうほう》のように、キミたちが積《せっ》極的《きょくてき》に考《かんが》えるためのきっかけ「A」「B」を、テーマごとに用意《ようい》しています。

そこから登場人物《とうじょうじんぶつ》と先生《せんせい》が、さまざまなギモンについて議論《ぎろん》します。ぜひ、キミたちも会話《かいわ》に入《はい》ってきてください。そのうえで友《とも》だちや先生《せんせい》、ご両親《りょうしん》とも話《はな》し合《あ》ってみてください。実《じつ》にさまざまな考《かんが》え方《かた》があることがわかるはずです。

大切《たいせつ》なのは、キミたち自身《じしん》がどう考《かんが》えるか。そしてその結果《けっか》、キミたちの視《し》野《や》が広《ひろ》がってくれたら、本当《ほんとう》にうれしく思《おも》います。

齋藤孝《さいとうたかし》

道徳教室《どうとくきょうしつ》の先生《せんせい》と仲間《なかま》たち

先生《せんせい》

テレビでもおなじみの日本語《にほんご》と教育《きょういく》のプロ。サッカーのメッシ選手《せんしゅ》の大《だい》ファン。

春実《はるみ》

いきものが好《す》き。ちょっとこわがり。コツコツタイプで、勉《べん》強《きょう》がけっこう得意《とくい》。

夏樹《なつき》

スポーツ大好《だいす》きで勉《べん》強《きょう》は苦手《にがて》。元気《げんき》がよすぎてたまに暴走《ぼうそう》ぎみなところあり。

秋音《あきね》

自分《じぶん》の意見《いけん》はハッキリいう。ファッションやかわいいものが好《す》き。

冬斗《ふゆと》

インドア派《は》。読書《どくしょ》とアイドルが好《す》き。“推《お》し”は「ABC48」の「ユミリン」。

目《もく》次《じ》

ギモン▼01

家族《かぞく》ってなんだろう？

A

やっぱり家族《かぞく》は大事《だいじ》にしなきゃ。困《こま》ったときに助《たす》けてくれるのは、なんだかんだで家族《かぞく》なんだし。

B

うちは、すぐいい合《あ》いになるし、
家族《かぞく》といるほうが
よっぽどメンドーばかりだよ。

先生《せんせい》、「家族《かぞく》みんな仲《なか》よく」なんていいますが、「勉強《べんきょう》しろ」とか「妹《いもうと》の面倒《めんどう》をちゃんと見《み》て」なんていわれると、ときどき「家族《かぞく》ってメンドーだなぁ」なんて思《おも》っちゃうこともあります。

ハハハ。そういう気持《きも》ちもわからないではないよ。ただ、そもそも家族《かぞく》がいてはじめて夏樹《なつき》くんも存在《そんざい》しているわけなんだから、やっぱり「家族《かぞく》がいてくれたほうがいい」となるんじゃないの？

まぁ、ほとんどの人《ひと》が「家族《かぞく》なんていて当《あ》たり前《まえ》」なんて思《おも》っているからこそ、あらためて「家族《かぞく》とはなにか？」について、しっかり考《かんが》えてみるのもいいかもしれないよね。夏樹《なつき》くんにとって、家族《かぞく》とはなんなのかな？

そりゃ、いっしょに暮《く》らしている人《ひと》たちのことでしょ。ウチの場合《ばあい》、まず両親《りょうしん》がいて、それから妹《いもうと》がいます。この4人《にん》がうちの家族《かぞく》です。

ふむ。それじゃあ、家族《かぞく》はどうやったらできるんだろう。

うーん。まず、結婚《けっこん》しなきゃいけませんよね。結婚《けっこん》して、子《こ》どもが生《う》まれたら、

それで家族《かぞく》になるんじゃないですか？

いいや、それはひとつの形《かたち》にすぎないんだね。**子《こ》どもがいない夫婦《ふうふ》だけでも家《か》族《ぞく》**。「シングルファザー」「シングルマザー」といって、**父親《ちちおや》か母親《ははおや》どちらかと子《こ》どもだけでも家族《かぞく》**。それから、**結婚《けっこん》していなくてもいっしょに住《す》んでいる人《ひと》たちなどなど、さまざまな“家族《かぞく》の形《かたち》”があるんだ。**

そうなんだ。子《こ》どもがいるのが家族《かぞく》だと思《おも》っていました。

そもそも結婚《けっこん》自体《じたい》、他人同士《たにんどうし》が家族《かぞく》になるということ。しかも、いまの日本《にほん》では、全体的《ぜんたいてき》に結婚《けっこん》する年齢《ねんれい》が遅《おそ》くなっています。これが「**晩婚化《ばんこんか》**」。また、子《こ》どもを持《も》たない人《ひと》も増《ふ》え、「**少子化《しょうしか》**」という問題《もんだい》も生《う》まれてきているんだ。

ニュースで聞《き》いたことがあります。ただやっぱり、みんなメンドくさいんじゃないんですか。ひとりとかふたりくらいで暮《く》らしたほうが、自由《じゆう》にやりたいこともできるでしょうし。

そういう考《かんが》え方《かた》をする人《ひと》は増《ふ》えていますね。ただね、夏樹《なつき》くんの家《いえ》もそうだけ

ど、一般的《いっぱんてき》な家族《かぞく》って、だいたい親《おや》と子《こ》どもだけでしょ。これを「**核家族**《かくかぞく》」っていうんだけど、昔《むかし》はもっと大人数《おおにんずう》で暮《く》らしていたんだ。

おじいちゃん、おばあちゃんはもちろん、おじさん、おばさん、いとこなど親《しん》戚《せき》もいっしょなんていうのもふつうだったんだ。これは、その状況《じょうきょう》どおり「**大**《だい》**家族**《かぞく》」などといういい方《かた》をします。

まさに、アニメの「サザエさん」の家族《かぞく》のイメージそのものですね。

そう。実際《じっさい》、先生《せんせい》のお父《とう》さんも10人兄弟《にんきょうだい》だったから、本当《ほんとう》に大変《たいへん》だったって。

えっ!? ふたりでも十分《じゅうぶん》メンドーなのに、10人《にん》なんて目《め》が回《まわ》っちゃう……。

そのうえ、家族《かぞく》のほかに、家《いえ》に住《す》み込《こ》んではたらいている人《ひと》がいたり、「養子《ようし》」といって、よその子《こ》をもらってくる家《いえ》もあったんですね。そうやって、血《ち》のつながっていない人《ひと》も、家族《かぞく》の一員《いちいん》として迎《むか》え入《い》れていたんです。

そうすると、家族《かぞく》というのは、いっしょに暮《く》らしている人《ひと》のことかな?

でも、お父《とう》さんが単身赴任《たんしんふにん》ということもあるからね。別々《べつべつ》に暮《く》らしていても、

お父《とう》さんは家族《かぞく》でしょ？

うーん。じゃぁ、いったい先生《せんせい》の考《かんが》える家族《かぞく》ってどういうものなんですか？

家族《かぞく》とは「帰《かえ》るべき居場所《いばしょ》」なのかな、と先生《せんせい》は思《おも》います。はたらいたあと、遊《あそ》んだあと、帰《かえ》る場所《ばしょ》。そして、そこにいるだれかが家族《かぞく》。そういう意味《いみ》では、**いっしょに住《す》んでいるペットも家族《かぞく》**といえるのかもしれません。

もちろん、一生《いっしょう》ひとりという生《い》き方《かた》を選《えら》ぶのもその人《ひと》の自由《じゆう》です。ただ、人間《にんげん》の幸《しあわ》せの源《みなもと》のひとつが家族《かぞく》にあるのはたしかだと思《おも》う。ホッとできる居場所《いばしょ》があるからこそ、人《ひと》はがんばれますからね。

だれかもうひとり（1匹《ぴき》!?）と暮《く》らす＝それが家族《かぞく》！「帰《かえ》るべき居場所《いばしょ》」なのだから大切《たいせつ》にしよう！

「命《いのち》は大切《たいせつ》」っていうのに、お肉《にく》を食《た》べるのはなぜ？

ギモン 02

A

「命《いのち》は大切《たいせつ》」なのはわかるけど、
人間《にんげん》、生《い》きていくためには、
動物《どうぶつ》のお肉《にく》も食《た》べないと。

B

ペットが死《し》んだら悲《かな》しむよね。
だったら、動物《どうぶつ》の命《いのち》を奪《うば》って
食《た》べるのはオカシイでしょ！

ペットも家畜も
おなじいきものなのに
どうして??

このあいだ、「命《いのち》は大切《たいせつ》」だと学校《がっこう》で習《なら》いました。それはそうだと思《おも》いますが、みんなもペットは大切《たいせつ》にする一方《いっぽう》、お肉《にく》も毎日《まいにち》のように食《た》べますよね。それっておかしい気《き》が……。先生《せんせい》はどう思《おも》いますか？

先生《せんせい》は、**芥川龍之介《あくたがわりゅうのすけ》の『蜘蛛《くも》の糸《いと》』**を読《よ》んで以来《いらい》、クモを殺《ころ》したことがありません。クモを見《み》つけたら、つかまえて外《そと》に出《だ》しちゃいます。でもゴキブリの場《ば》合《あい》はたたいちゃう。自分《じぶん》でも「なんなの？」と正直《しょうじき》思《おも》いますね。

先生《せんせい》もそうなんですね。

命《いのち》の大切《たいせつ》さをめぐる問題《もんだい》は、なかなかすっきりした答《こた》えを出《だ》せません。**「命《いのち》は大切《たいせつ》だ！」といいながら、焼肉《やきにく》やフライドチキンをよろこんで食《た》べている**。「動物大好《どうぶつだいす》き！」って、ふだんいっている人《ひと》でもね。

ただし、お肉《にく》をまったく食《た》べない人《ひと》もいます。これを「菜食主義者《さいしょくしゅぎしゃ》」、英語《えいご》で「ベジタリアン」といいますが、では、みんなが菜食主義者《さいしょくしゅぎしゃ》になればいいかというと、そう単純《たんじゅん》な話《はなし》でもありません。食習慣《しょくしゅうかん》や好《この》みは、かんたんには変《か》えられませんから。春実《はるみ》ちゃんはどう思《おも》う？

むずかしいなぁ。ただ、たとえ人間《にんげん》がいきものを食《た》べるのをやめたとしても、トラやライオンといった肉食動物《にくしょくどうぶつ》たちはやめませんもんね。

そうだね。**宮沢賢治《みやざわけんじ》が書《か》いた『よだかの星《ほし》』**という話《はなし》にもあるように、タカにイジメられて悩《なや》んでいる「よだか」も、生《い》きるためにカブトムシなどを食《た》べている。これを「**食物連鎖《しょくもつれんさ》**」というんだ。

自分《じぶん》が生《い》きるために、ほかの命《いのち》を食《た》べる……。うーん、いったいどう考《かんが》えればいいのかなぁ。一方《いっぽう》で、同《おな》じいきものなのに、ペットが亡《な》くなると胸《むね》が痛《いた》んで悲《かな》しくなるわけだし。

どうしてだと思《おも》う？

心《こころ》のなかで、いきものの命《いのち》に順位《じゅんい》をつけているんでしょうか。

そういうところもあるかな。ここで思《おも》い出《だ》したのが、江戸時代《えどじだい》の将軍《しょうぐん》・徳川綱吉《とくがわつなよし》の出《だ》した「生類憐《しょうるいあわ》れみの令《れい》」という命令《めいれい》です。

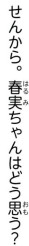

これは、イヌを「おイヌさま」といわせたりすることから、人間《にんげん》よりイヌを大《だい》事《じ》にする〝ヘンな法律《ほうりつ》〟だと思《おも》われてきましたが、実際《じっさい》には、「すべてのいきものを大事《だいじ》にしよう！」という内容《ないよう》だったらしいんだよね。

「いきもの」というのだから人間《にんげん》も？

そう、そこがポイントなんだ。当時《とうじ》はまだ人《ひと》の命《いのち》すら軽《かる》く見《み》られていた時代《じだい》で、武士《ぶし》はなんの理由《りゆう》もなく農民《のうみん》や町人《ちょうにん》を斬《き》っていました。「斬《き》り捨《す》て御免《ごめん》」というものですね。そうした状況《じょうきょう》を変《か》えようと、綱吉《つなよし》は「生類憐《しょうるいあわれ》みの令《れい》」を出《だ》したんです。

いきものを大事《だいじ》にするということは、人間《にんげん》はなおさら大事《だいじ》にしなきゃいけないから、「斬《き》り捨《す》て御免《ごめん》」は少《すく》なくなる。そうして江戸《えど》に平和《へいわ》が訪《おとず》れたというから、実《じつ》はすごくいい法律《ほうりつ》だったんじゃないか、と近年《きんねん》見直《みなお》されているんだ。

へぇ。綱吉《つなよし》さんなら、保健所《ほけんじょ》に連《つ》れて行《い》かれちゃうかわいそうなペットも救《すく》えるかも。ただ、平和《へいわ》ないまの時代《じだい》でも、やっぱり相変《あいか》わらず食用《しょくよう》の動物《どうぶつ》はいる

わけですよね。これはどう考《かんが》えればいいのでしょうか。

こういう考《かんが》えはどうかな？ **食《た》べたお肉《にく》は私《わたし》たちの体《からだ》に入《はい》って、血《ち》となり肉《にく》となって生《い》きていく**。だから、そのことに**いつも感謝《かんしゃ》しながらお肉《にく》をいただく。そういう気持《きも》ちを忘《わす》れないことも、命《いのち》を大切《たいせつ》にすることにつながる**と思《おも》うんだ。

たとえばお肉《にく》の料理《りょうり》を食《た》べたとき、あるいは、蚊《か》をパチンとたたいたときなど、日常生活《にちじょうせいかつ》には「命《いのち》とはなにか」を考《かんが》える機会《きかい》は無数《むすう》に転《ころ》がっています。そうやって常《つね》に自分《じぶん》や、そのほかのいきものの命《いのち》について深《ふか》く考《かんが》えることが、命《いのち》を大《だい》事《じ》にする第一歩《だいいっぽ》になるのです。

齋藤流 考える ヒント！

お肉《にく》を食《た》べるときは感謝《かんしゃ》の念《ねん》を忘《わす》れずに！「命《いのち》の大切《たいせつ》さ」を、これからもずっと考《かんが》え続《つづ》けよう！

おカネって たくさんあったほうがいいの？

ギモン 03

A

おカネはあればあるほどいい。
おカネがなくても幸《しあわ》せなんて、
きれいごとだよ。

B

おカネがゼロでは困《こま》るけど、
おカネがたいしてなくても
幸《しあわ》せに暮《く》らすことはできるさ。

このあいだ、おこづかいを使《つか》いすぎて、お母《かあ》さんに怒《おこ》られちゃいました。そのときふと思《おも》ったのですが、どうして人間《にんげん》だけ、おカネを使《つか》うのでしょうか。

なにも人間《にんげん》は、最初《さいしょ》からおカネを使《つか》っていたわけではありません。昔《むかし》はモノとモノを交換《こうかん》する「物々交換《ぶつぶつこうかん》」をしていました。ただ、人《ひと》によって欲《ほ》しいモノがちがうし、売《う》ったり買《か》ったりするときに基準《きじゅん》となる〝道具《どうぐ》〟があったほうが便《べん》利《り》ということで、「おカネ」ができたわけです。

おカネがあれば、いろんなモノやサービスに換《か》えることができる。つまり、**自《じ》分《ぶん》の欲《ほ》しいものが手《て》に入《はい》る権利《けんり》が形《かたち》になったもの**ともいえるでしょう。

だったら、やっぱりたくさんあったほうがいいですよね。

たしかに、おカネがないと便利《べんり》な生活《せいかつ》を送《おく》りづらくはなるでしょう。住《す》むところを手《て》に入《い》れられないし、食《た》べ物《もの》も買《か》えません。もちろん、米《こめ》や野菜《やさい》は自分《じぶん》でつくることもできるけど、そのためには土地《とち》が必要《ひつよう》だし、タネや肥料《ひりょう》もなければダメだよね。となると、結局《けっきょく》おカネに頼《たよ》らなければならないわけです。

じゃあ、オトナになったらしっかり仕事《しごと》をして、いっぱいおカネを稼《かせ》がなきゃ。となると、やっぱり学校《がっこう》の勉強《べんきょう》をがんばらないといけないのかなぁ。

うん、勉強《べんきょう》をしっかりやって自分《じぶん》の行《い》きたい大学《だいがく》に入《はい》り、自分《じぶん》のやりたい仕事《しごと》につくというのが、道筋《みちすじ》としてはわかりやすいよね。あ、もちろん、大学《だいがく》に行《い》くにも、おカネが必要《ひつよう》になるんだけど。

ウチは、両親《りょうしん》が「いまから、大学《だいがく》の費用《ひよう》を貯金《ちょきん》している」といっていたなぁ。

それはご両親《りょうしん》に感謝《かんしゃ》しなくちゃいけませんね。まぁ、いろいろな意見《いけん》がありますが、実際問題《じっさいもんだい》、**いまの日本《にほん》の社会《しゃかい》では、学校《がっこう》を出《で》たあと、どんな組織《そしき》に所属《しょぞく》するかで、収入《しゅうにゅう》が変《か》わってくる傾向《けいこう》があるのは事実《じじつ》**です。こういう現実《げんじつ》があるってことも、頭《あたま》のどこかに入《い》れておいたほうがいいかもしれませんね。

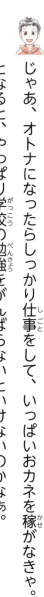

「こんな仕事《しごと》をやってみたい！」っていうやる気《き》とか、「ボクならこれができる！」なんていう自信《じしん》があるだけでは、ダメってことかぁ……。

いや、それは必要《ひつよう》なんだよ。そのうえでどうおカネに困《こま》らないように生《い》きていくのか考《かんが》えるのが大事《だいじ》。だから、先生《せんせい》は大学《だいがく》で教《おし》えている学生《がくせい》たちに、「そこにこそ、頭《あたま》をうまく使《つか》いなさい」とアドバイスしているんだ。

よーし、大《おお》もうけするにはどうしたらいいか、さっそく考《かんが》えよっと。

ちょっと待《ま》って。けっして**「おカネがすべて」というワケじゃない**んだ。夏樹《なつき》くんの家《いえ》は、大学《だいがく》の費用《ひよう》をためているくらいだから、ふつうにおカネがあると思《おも》う。その反面《はんめん》、おカネのありがたみなんか感《かん》じたことないでしょ?

ええ。おカネなんて、あるのが当《あ》たり前《まえ》かと……。

おカネがないからこそ、その大切《たいせつ》さが身《み》にしみてわかっていて、謙虚《けんきょ》に自分《じぶん》の生活《せいかつ》を見《み》られる人《ひと》もいる。反対《はんたい》に、生《う》まれてからずっとおカネ持《も》ちだったせいで、ごうまんな性格《せいかく》になってしまう人《ひと》もいます。つまり、**おカネのある、なしによって、人間《にんげん》の上下《じょうげ》が決《き》まるのではない**ということなのです。

必《かなら》ずしも、おカネがあるから幸《しあわ》せってワケではないんですね。

そうだね。**おカネがあっても、人《ひと》としての情《じょう》を忘《わす》れてしまっていては、豊《ゆた》かな**

人生《じんせい》を送《おく》れないと思《おも》うよ。

おカネ持《も》ちなのに、おカネのことでケンカばかりの家《いえ》もあるらしいですしね。

そう。とにかく、**おカネはあったほうがいいことはいいですが、それがすべてではない**ということ。お給料《きゅうりょう》が高《たか》くても、仕事《しごと》がキツすぎてまいってしまう人《ひと》もいる。だからこそ**自分《じぶん》なりに幸《しあわ》せだと思《おも》える範囲《はんい》、だれかを幸《しあわ》せにできる範《はん》囲《い》のおカネはどれくらいか。それを考《かんが》えることが重要《じゅうよう》**じゃないかな。

おカネには人《ひと》をまどわす面《めん》もあるから、こだわりすぎるのも、甘《あま》く見《み》すぎるのもいけないと思《おも》いますよ。

齋藤流 考えるヒント！

おカネはあるにこしたことはないのは事実《じじつ》！
ただし、人《ひと》をまどわす面《めん》があるので要注意《ようちゅうい》！

「はたらく」ことの、ホントの意味《いみ》ってなに？

ギモン
04

A

お給料《きゅうりょう》が入《はい》るだけでなく、社会《しゃかい》にも役立《やくだ》つのだから、はたらくのはすごく大事《だいじ》。

B

たとえはたらかなくても、生活《せいかつ》に困《こま》っていなければ、人生《じんせい》、好《す》きに生《い》きればいい！

先生《せんせい》、たとえばの話《はなし》ですよ。ボクの両親《りょうしん》は毎日《まいにち》はたらいていますが、宝《たから》くじで1等《とう》を当《あ》てて、セレブになったとしますよね。そうしたら、「はたらかなくてもいいんじゃない?」と思《おも》うのですが……。

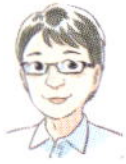

たしかに、「はたらく」ことの大《おお》きな目的《もくてき》のひとつは、おカネを稼《かせ》ぐこと。だから、おカネさえあるなら、はたらかなくていいのかもしれない。ただ、人間《にんげん》というのは複雑《ふくざつ》なもので、ときに大変《たいへん》なのはわかっていても、「はたらきたい!」と思《おも》ったりするものなんです。たとえば、60歳《さい》をすぎて会社《かいしゃ》を定年退職《ていねんたいしょく》したあと、「仕事《しごと》がなくなってさびしいなぁ」と思《おも》う人《ひと》もけっこういますよ。

へえ、仕事《しごと》って、そんなにおもしろいのかぁ。

いや、どんな職業《しょくぎょう》でも、ずっとおもしろいわけではないと思《おも》うな。むしろ、しんどいことのほうが多《おお》いかもしれない。

だったら、「できることなら仕事《しごと》なんかしたくない」と思《おも》うのが自然《しぜん》じゃないのかなぁ。なぜ仕事《しごと》ができなくなってさびしくなるんだろう?

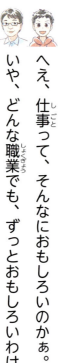

たとえツラくても、仕事《しごと》をしているときは、「自分《じぶん》は社会《しゃかい》の役《やく》に立《た》っている」という充実感《じゅうじつかん》がある。これが大事《だいじ》なんです。だから、仕事《しごと》を辞《や》めてしまうと、自分《じぶん》が世《よ》の中《なか》から求《もと》められていないような気《き》がしてしまうんでしょうね。

このような**「社会《しゃかい》のだれかに必要《ひつよう》とされている」という思《おも》いは、人生《じんせい》を充実《じゅうじつ》させてくれるもの**なんです。大変《たいへん》な思《おも》いをして毎日会社《まいにちかいしゃ》に通《かよ》っていたけれども、仕事仲間《しごとなかま》から頼《たよ》りにされていたとか、お給料《きゅうりょう》でちゃんと家族《かぞく》を養《やしな》うことができたとか、そういうことが日々《ひび》の充実感《じゅうじつかん》につながっていくんだ。

仕事《しごと》というのは、おカネをもらうためだけにすることじゃないんですね。

そうだね。明治時代《めいじじだい》の歌人《かじん》、石川啄木《いしかわたくぼく》も**「こころよく 我《われ》にはたらく仕事《しごと》あれ それを仕遂《しと》げて死《し》なむ（ん）と思《おも》ふ（う）」**と詠《よ》んでいます。**「自分《じぶん》が気持《きも》ちよくはたらける仕事《しごと》があったら、それを死《し》ぬまでがんばり抜《ぬ》きたい」**という意味《いみ》です。人《ひと》は、たとえ大変《たいへん》であっても他人《たにん》のためにはたらきたいと願《ねが》うもの。それが自分《じぶん》の幸福感《こうふくかん》につながるということを、啄木《たくぼく》も知《し》っていたんだね。

うーん。おカネ持《も》ちになって、毎日《まいにち》ゲームしたいなぁと思《おも》っていたけど。

夏樹《なつき》くん、生《い》き方《かた》は人《ひと》それぞれだから、「はたらかないとダメ」とはいえません。

でも、毎日《まいにち》ゲームばかりしていたら、充実感《じゅうじつかん》はえられないと思《おも》うよ。

人《ひと》の役《やく》に立《た》っていないからですよね。

まぁ、ゲーム代《だい》を払《はら》っているので、ゲームをつくった人《ひと》たちの役《やく》には立《た》っているでしょう。しかし、みんなが暮《く》らす社会全体《しゃかいぜんたい》に貢献《こうけん》するのとはちょっとちがいます。実際《じっさい》、**自分《じぶん》のためだけにするのは「仕事《しごと》」ではなく「道楽《どうらく》」、つまり「遊《あそ》び」**だと、先生《せんせい》の大好《だいす》きな夏目漱石《なつめそうせき》も「道楽《どうらく》と職業《しょくぎょう》」という文《ぶん》で書《か》いているんですね。

さっきもいったように、仕事《しごと》にはツライ側面《そくめん》もあります。だからこそ、自分《じぶん》に合《あ》った仕事《しごと》はなんだろうと、じっくり考《かんが》えるのがとても大事《だいじ》なんです。

ただ「自分《じぶん》に合《あ》う」とは、どういうことなのでしょうか？

「自分《じぶん》はこれをやっているときなら気持《きも》ちが疲《つか》れない！」というのを基準《きじゅん》にす

ると、うまくいくことが多《おお》いですよ。岩手《いわて》の農学校《のうがっこう》で先生《せんせい》をしていた宮沢賢治《みやざわけんじ》が書《か》いた「生徒諸君《せいとしょくん》に寄《よ》せる」という詩《し》を見《み》てみましょうか。

「この四ケ年《よんかねん》が わたくしにどんなに楽《たの》しかったか わたくしは毎日《まいにち》を 鳥《とり》のやうに（ように）教室《きょうしつ》でうたってくらした 誓《ちか》って云《い》ふ（う）が わたくしはこの仕《し》事《ごと》で疲《つか》れをおぼえたことはない」

疲《つか》れたことがないというくらいですから、賢治《けんじ》にとって本当《ほんとう》に教師《きょうし》という仕事《しごと》が合《あ》っていたんですね。このように、**自分《じぶん》が輝《かがや》ける場所《ばしょ》で人《ひと》に役立《やくだ》つことができることが、いちばんすばらしいこと**だとわかる日《ひ》が、きっとくるはずです。

齋藤流 考えるヒント！

人《ひと》が「はたらく」のは単《たん》におカネのためだけではない！「世《よ》の中《なか》に役立《やくだ》っている」という充実感《じゅうじつかん》が大切《たいせつ》！

ギモン 05

「男《おとこ》らしさ」「女《おんな》らしさ」ってなんなのだろう？

A

男子《だんし》と女子《じょし》はちがうのだから、それぞれの役割《やくわり》もきちんと分《わ》けるべき。

B

「男《おとこ》だから」とか「女《おんな》だから」とかは、
もう古《ふる》いよ。それより、
「自分《じぶん》らしさ」のほうが大事《だいじ》。

先生《せんせい》、ワタシはいま空手《からて》に夢中《むちゅう》なんですが、親戚《しんせき》のおじさんから「もっと女《おんな》の子《こ》らしいことすれば」っていわれちゃいました。なんでそうなるんですか？

秋音《あきね》ちゃんのおじさんは、ちょっと古《ふる》い人《ひと》かも。ただ、先生《せんせい》が小《ちい》さいころも、泣《な》くとすぐに「男《おとこ》のくせにメソメソするな」なんていわれたよ。それに、男子《だんし》たるもの、運動《うんどう》でも勉強《べんきょう》でも、女子《じょし》に負《ま》けるのは恥《はじ》だとされていたんだ。

ええっ!? 完全《かんぜん》に女《おんな》の人《ひと》をバカにしているようないい方《かた》です！ ワタシがそんなこといわれたら、絶対《ぜったい》に怒《おこ》るけど。

いや、その当時《とうじ》、運動《うんどう》はもとより勉強《べんきょう》も、男《おとこ》の人《ひと》のほうができると思《おも》われていたんですね。多《おお》くの女子《じょし》も、それが当然《とうぜん》だと思《おも》っていましたし。

でも、いまはそうじゃないですよね。ワタシのクラスでも、全体的《ぜんたいてき》に女子《じょし》のほうが成績《せいせき》はいいですよ。それにしても、なんで、急《きゅう》に女子《じょし》が勉強《べんきょう》できるようになったのかなぁ？

いや、**急《きゅう》に女《おんな》の人《ひと》の頭《あたま》がよくなったわけではなく、世《よ》の中《なか》が「オンナだから、**

これくらいでいいや」と考《かんが》えなくなったのです。それまでの、「オンナだから、なにも東大《とうだい》に行《い》くことなどない」「スポーツなんてしなくてもいい」という意《い》味《み》のない〝限界《げんかい》〟をとっぱらって、ふつうにがんばれるような環境《かんきょう》になった。

そうしたら、女子《じょし》もすごいということが明《あき》らかになっただけなんです。

たしかにスポーツの世界《せかい》でも、女子《じょし》が活躍《かつやく》していますね。柔道《じゅうどう》、レスリング、サッカー、卓球《たっきゅう》……。挙《あ》げればキリがないです！

そうなんだけどね。ただ、たとえば、いまでこそ女子《じょし》マラソンもさかんだけど、かつては男子《だんし》の大会《たいかい》しかなかったんだ。「女《おんな》の人《ひと》にマラソンをやらせるのは酷《こく》だから」という理由《りゆう》でしたが、これはやさしさでもなんでもなく、女《おんな》の人《ひと》の能《のう》力《りょく》を一段低《いちだんひく》く見《み》たようなもの。
その後《ご》、１９８４年《ねん》のロサンゼルス大会《たいかい》ではじめてオリンピックの種目《しゅもく》になります。そして２０００年《ねん》のシドニー大会《たいかい》の高橋尚子《たかはしなおこ》選手《せんしゅ》、その４年後《ねんご》のアテネ大会《たいかい》の野口《のぐち》みずき選手《せんしゅ》と２大会連続《たいかいれんぞく》で金《きん》メダルを獲得《かくとく》し、日本《にほん》の女子選手《じょしせんしゅ》の強《つよ》

さが世界中《せかいじゅう》に証明《しょうめい》されたんだ。

へー、知《し》らなかった。じゃあ、「女《おんな》の人《ひと》は能力《のうりょく》が低《ひく》い」という考《かんが》え方《かた》は、やっぱり思《おも》い込《こ》みだったんですね。

そうだね。テレビなどでも「男《おとこ》らしさ」「女《おんな》らしさ」を決《き》めつけてしまうと、それが問題《もんだい》になる。たとえば女《おんな》の子《こ》は家事《かじ》をやる、男《おとこ》の人《ひと》が外《そと》ではたらくなどはその典型《てんけい》といえるでしょう。これが「**女性差別《じょせいさべつ》**」というわけです。

たしかに、女子《じょし》が実力《じつりょく》を発揮《はっき》できるようになったのはいいことだと思《おも》うけど、どこからが差別《さべつ》なのか、判断《はんだん》するのはむずかしいとも思《おも》いますが……。

もちろん、**はたらくとか勉強《べんきょう》することにおいては、男女《だんじょ》に能力《のうりょく》のちがいはないから、平等《びょうどう》に機会《きかい》をあたえるべき**だと思《おも》う。実際《じっさい》、会社《かいしゃ》とかの組織《そしき》のエラい人《ひと》は、まだまだ男《おとこ》の人《ひと》のほうが多《おお》いんだよね。だから、女《おんな》の人《ひと》も力《ちから》をきちんと評価《ひょうか》される環境《かんきょう》にすることが、求《もと》められているんだ。

それはワタシも絶対《ぜったい》に賛成《さんせい》です！

ただ一方《いっぽう》で、男女《だんじょ》それぞれ独自《どくじ》の文化《ぶんか》もある。たとえば、**平安時代《へいあんじだい》に紫式部《むらさきしきぶ》が書《か》いた『源氏物語《げんじものがたり》』のように、女性《じょせい》だから書《か》けた作品《さくひん》もある**わけです。また、「男女平等《だんじょびょうどう》」に加《くわ》えて**「LGBT」、つまり同性《どうせい》・両性愛者《りょうせいあいしゃ》や性同一性障害《せいどういつせいしょうがい》の人《ひと》たちなどの権利《けんり》も、きちんと認《みと》める社会《しゃかい》になってきている**んだ。

「男《おとこ》らしさ」「女《おんな》らしさ」なんかに、こだわる時代《じだい》ではないんですね。

そのとおり。だれだって「自分《じぶん》らしく」生《い》きたいと思《おも》うでしょ。だから、これからの時代《じだい》、さまざまな生《い》き方《かた》を認《みと》め合《あ》う「**多様性《たようせい》**」、英語《えいご》で「**ダイバーシティ**」がますます大事《だいじ》になっていくということを、きちんと覚《おぼ》えておこうね。

齋藤流 考える ヒント！

仕事《しごと》や勉強《べんきょう》において、男女《だんじょ》の能力差《のうりょくさ》はない！むしろ、さまざまな生《い》き方《かた》を認《みと》め合《あ》っていこう！

なぜスマホは便利《べんり》なのに、持《も》ってはいけないの？

ギモン 06

A

友《とも》だちも持《も》っているし、
なにより便利《べんり》なんだから、
早《はや》めに使《つか》いこなせたほうがいいよ。

B

まだ持《も》たなくてもいいかな。
トラブルに巻《ま》き込《こ》まれても、
自分《じぶん》で対応《たいおう》できる自信《じしん》ないし。

先生《せんせい》、ボクの友《とも》だちも最近《さいきん》はみんなスマホを持《も》ち始《はじ》めたんですよ。でもボクはまだ持《も》っていないんですよね。流行《りゅうこう》に乗《の》り遅《おく》れそうで……。

いまは小学生《しょうがくせい》でも6割《わり》ぐらいの子《こ》がスマホを持《も》っているそうですね。ところで夏樹《なつき》くんは、なんでスマホが欲《ほ》しいの？

うーん、いろいろあるけど、やっぱりネットかな。メールとかSNSで友《とも》だちとつながれるし。それと、やっぱりゲームも楽《たの》しそうだなぁ。

なーんだ、遊《あそ》びばっかりじゃないか（笑）。

あっ、いや、遊《あそ》びばかりじゃないですよ。塾《じゅく》に行《い》って遅《おそ》くなったときに、「迎《むか》えにきて」って親《おや》に連絡《れんらく》できるじゃないですか。

たしかに、子《こ》どもと連絡《れんらく》がつきやすいと親《おや》も安心《あんしん》でしょうね。

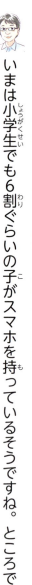

でしょう？　でも、ボクの親《おや》は買《か》ってくれないんですよ。

夏樹《なつき》くんのご両親《りょうしん》のように、**学校《がっこう》に通《かよ》っているあいだはスマホを持《も》たせないというのも、ひとつのあり方《かた》**だと思《おも》う。もちろん、周《まわ》りのみんなが全員《ぜんいん》持《も》ってい

るということになれば、「絶対《ぜったい》にいけない」というわけにいかなくなるかもしれませんが。

全員《ぜんいん》が持《も》つまでなんか待《ま》てませんよ！　だいたい、オトナはOKで子《こ》どもはダメだなんて、勝手《かって》な話《はなし》だとしか思《おも》えません！

まぁまぁ。キミはずるいと思《おも》うかもしれないけど、子《こ》どもが持《も》つべきではないという意見《いけん》には、ちゃんとした理由《りゆう》があるんだ。

まず、**スマホは便利《べんり》である反面《はんめん》、非常《ひじょう》にこわいところがある**。たとえば、ゲームで課金《かきん》アイテムをたくさん買《か》ってしまい、あとでものすごく高《たか》い金額《きんがく》を請求《せいきゅう》されることもある。

それ、友《とも》だちから聞《き》いたことあります。ボクもゲームに熱中《ねっちゅう》しすぎちゃうから、キケンかも……。

あるいは、SNSなどで怪《あや》しい大人《おとな》に誘《さそ》われたりすることもあるわけです。**相《あい》手《て》の素顔《すがお》や人柄《ひとがら》なんてわからない**ですから。親《おや》からすれば、自分《じぶん》の子《こ》どもがそ

んな危《あぶ》ないことに巻《ま》き込《こ》まれる可能性《かのうせい》があるなら、心配《しんぱい》するのは当然《とうぜん》でしょう。

そういえば、スマホを持《も》っている友《とも》だちも、全部《ぜんぶ》の機能《きのう》を使《つか》えるわけじゃないっていってました。親《おや》にいろいろ機能《きのう》を制限《せいげん》されているらしいです。

いろんな事件《じけん》があったから、スマホにもそういう仕組《しく》みを組《く》み込《こ》むようになっています。だから、**小学生《しょうがくせい》がスマホを持《も》つのなら、機能《きのう》を制限《せいげん》して、危険《きけん》から身《み》を守《まも》るのは当然《とうぜん》**だよ。世《よ》の中《なか》、いい大人《おとな》だけじゃないからね。

だとすると、中学生《ちゅうがくせい》になったら、スマホはOKかなぁ。

いや、中学生《ちゅうがくせい》もまだまだ危《あぶ》ないと思《おも》うよ。実際《じっさい》、中学生《ちゅうがくせい》がスマホのアプリを通《つう》じて事件《じけん》に巻《ま》き込《こ》まれた、なんてニュースもよく見《み》るし……。中学校《ちゅうがっこう》で教《おし》えている教師《きょうし》も、「中学生《ちゅうがくせい》じゃ、まだ早《はや》い」っていっていたからね。

そっかぁ。たしかにSNSはいろんな人《ひと》と交流《こうりゅう》できるけど、アブナイ人《ひと》ともつながってしまう可能性《かのうせい》がありますもんね。

そうだね。とにかく、スマホは正《ただ》しく使《つか》えばすごく便利《べんり》な反面《はんめん》、実《じつ》は凶器《きょうき》のよ

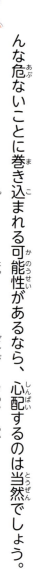

うな危険《きけん》なものになってしまう可能性《かのうせい》があることも知《し》ってほしい。**スマホを持《も》つ場合《ばあい》には、親《おや》と相談《そうだん》して「使《つか》う機能《きのう》はこれとこれだけ。絶対《ぜったい》にほかのことはしない」というルールを決《き》めてから使《つか》うようにする。「もしルールを破《やぶ》ったら没収《ぼっしゅう》」ぐらいでちょうどいい**と思《おも》うよ。

ちょっと厳《きび》しすぎではないでしょうか？

まぁ、そう思《おも》うかもしれないけど、身《み》の安全《あんぜん》には代《か》えられないからね。ご両親《りょうしん》のいうことを守《まも》り、有害《ゆうがい》なサイトにつながらないようにするブロック機能《きのう》などをオンにして、安心《あんしん》できる範囲内《はんいない》で使《つか》うことが大事《だいじ》だと思《おも》います。

齋藤流 考えるヒント！

スマホは便利《べんり》だけど危険《きけん》もいっぱい！自分《じぶん》を守《まも》るためにも、ルールを決《き》めて正《ただ》しく使《つか》おう！

ギモン
07

ネットがあるのだから、本《ほん》や新聞《しんぶん》なんか不要《ふよう》では？

A

ネットは情報《じょうほう》が早《はや》いし、検索機能《けんさくきのう》もホントに便利《べんり》。本《ほん》とか新聞《しんぶん》なんて時代遅《じだいおく》れだよ。

B

ネットの情報《じょうほう》はアヤしいのも多《おお》い。
やっぱりチェックがきちんと入《はい》る
本《ほん》や新聞《しんぶん》のほうが信《しん》じられる！

夏休《なつやす》みの自由研究《じゆうけんきゅう》についてお父《とう》さんに相談《そうだん》したとき、「なにかを調《しら》べたり、事実関係《じじつかんけい》を確認《かくにん》するさいは、ネットではなく本《ほん》や新聞《しんぶん》にあたりなさい」っていわれました。でも、ネットのほうが、早《はや》くて便利《べんり》ですよね。

たしかにネットのほうが、いま起《お》こっていることがすぐにわかるという〝強《つよ》み〟がありますね。先生《せんせい》ももちろん、ネットは有効《ゆうこう》に活用《かつよう》しています。ただし同時《どうじ》に、新聞《しんぶん》や本《ほん》も読《よ》みます。なぜなら、**ネット情報《じょうほう》はむずかしい言葉《ことば》で「玉石混淆《ぎょくせきこんこう》」といって、正《ただ》しい情報《じょうほう》と怪《あや》しい情報《じょうほう》が入《い》り混《ま》じっている**からです。その点《てん》、新聞《しんぶん》や本《ほん》は世《よ》に出《で》る前《まえ》に、必《かなら》ず多《おお》くの人《ひと》からチェックを受《う》けるので、まちがった情報《じょうほう》が比較的《ひかくてき》少《すく》ないといえるでしょう。

うーん。ボクもネット情報《じょうほう》にダマされたことあるからなぁ。

新聞《しんぶん》は世《よ》の中《なか》の〝いま〟をわかりやすく並《なら》べた「社会《しゃかい》の一覧表《いちらんひょう》」のようなもの。日本《にほん》や世界《せかい》の政治《せいじ》や経済《けいざい》がどうなっているのか。スポーツではなにがあったのか。健康《けんこう》や生活面《せいかつめん》で知《し》っておくべきことはなんなのかなど、あらゆるジャ

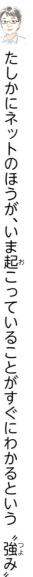

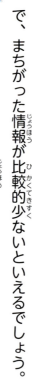

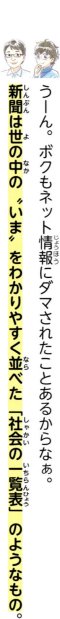

ンルの情報《じょうほう》が載《の》っています。だから、世《よ》の中《なか》の状況《じょうきょう》をマルッとつかむためには、やっぱり新聞《しんぶん》を読《よ》むのがいちばん手《て》っ取《と》り早《ばや》いんですよ。

ただ、新聞《しんぶん》ってむずかしいですよね。ボクが読《よ》んでも理解《りかい》できるかなぁ？

たしかに、冬斗《ふゆと》くんくらいの年齢《ねんれい》だと、最初《さいしょ》はむずかしいかもしれないけど、毎日《まいにち》読《よ》むとだんだんわかるようになる。さらに先生《せんせい》は、学生《がくせい》たちに新聞《しんぶん》を読《よ》ませるだけでなく、自分《じぶん》の気《き》に入《い》った記事《きじ》を切《き》り抜《ぬ》いてもらい、その記事《きじ》を友《とも》だちに解説《かいせつ》するということをやっています。

このようなやり方《かた》で、**新聞《しんぶん》を2週間《しゅうかん》ほど読《よ》み続《つづ》けると、ニュースには関連性《かんれんせい》があることがわかり、世《よ》の中《なか》をかなり深《ふか》く理解《りかい》できる**ようにもなるんだ。

ちょっとがんばって読《よ》んでみようかな。池上彰《いけがみあきら》さんみたいになれるかも！

ハハハ。目標《もくひょう》は高《たか》くか。切《き》り抜《ぬ》いた新聞《しんぶん》記事《きじ》を家族《かぞく》や友《とも》だちに解説《かいせつ》してみるのはすごくいい訓練《くんれん》になるから、ぜひやってみてほしいですね。

新聞《しんぶん》を毎日《まいにち》読《よ》むというのは、たとえていうなら毎日《まいにち》10キロ走《はし》っているようなもの。そういう人《ひと》なら、「走《はし》れ！」といわれてもすぐに走《はし》れるでしょ？

でしょうね。毎日《まいにち》ちょっとずつやっていると、いつのまにかそうなるかも。

そのように、**ふだんから新聞《しんぶん》で社会《しゃかい》について勉強《べんきょう》しておくと、人《ひと》と話《はなし》をするときに話題《わだい》がすぐに思《おも》いつくし、試験《しけん》や面接《めんせつ》でもいろいろな質問《しつもん》に対応《たいおう》できる。**

つまり、新聞《しんぶん》のネタはいざというときに、とても役立《やくだ》つんだ。

なるほど。ただ、本《ほん》についてはどうでしょう。ボクは小説《しょうせつ》は好《す》きですが、ネットに比《くら》べると情報《じょうほう》のスピードが遅《おそ》い気《き》が……。

いや、情報《じょうほう》の深《ふか》さがちがうんだ。私《わたし》も若《わか》いころからずっと本《ほん》に親《した》しんできて、おそらく1万冊《まんさつ》以上《いじょう》は読《よ》んだと思《おも》うし、そのおかげで大学《だいがく》の先生《せんせい》にもなれた。本《ほん》が、齋藤孝《さいとうたかし》という人間《にんげん》の中心《ちゅうしん》をつくってくれたと思《おも》っているんですよ。

1万冊《まんさつ》!?　ボクにはムリだ。だって読《よ》むのが遅《おそ》いから……。

ゆっくり読《よ》んでいいんだよ。**本《ほん》の魅力《みりょく》は、なんといってもその本《ほん》の著者《ちょしゃ》が自分《じぶん》のなかに住《す》み込《こ》む感覚《かんかく》になること**。たとえば漱石作品《そうせきさくひん》を読《よ》んでいると、いつの

まにか漱石《そうせき》が自分《じぶん》の心《こころ》のなかにあらわれて、彼《かれ》の話《はなし》や考《かんが》えを直接《ちょくせつ》聞《き》いている気《き》分《ぶん》になる。こうした感覚《かんかく》は、インターネットではなかなか味《あじ》わえません。ネットよりも広《ひろ》く、深《ふか》い世界《せかい》が、本《ほん》にはあるんです。だから**読書体験《どくしょたいけん》を積《つ》み重《かさ》ねていくと、自分《じぶん》の世界《せかい》がグッと広《ひろ》がるし、心《こころ》も豊《ゆた》かになっていきます。**

たしかに読《よ》み終《お》わったあとの満足感《まんぞくかん》が、ネットとはちがいますね。

その意味《いみ》で、本《ほん》というのは単《たん》なる「情報《じょうほう》」というより、人格《じんかく》を広《ひろ》げ、深《ふか》めていく「道具《どうぐ》」だといえるのではないでしょうか。ですから、情報探《じょうほうさが》しはインターネットで十分《じゅうぶん》だなんて思《おも》わずに、ぜひ本《ほん》にあたってみてほしいですね。

齋藤流 考えるヒント！

本《ほん》にも新聞《しんぶん》にも、ネットにはない魅力《みりょく》が詰《つ》まっている！それぞれをうまく活用《かつよう》して、心《こころ》を豊《ゆた》かにしていこう！

小説《しょうせつ》や文学《ぶんがく》って、いったいなんの役《やく》に立《た》つの？

ギモン 08

A

小説《しょうせつ》は読《よ》むのに時間《じかん》がかかるし、つくり話《ばなし》を読《よ》んだところで、勉強《べんきょう》の役《やく》になんか立《た》たないよ。

B

小説《しょうせつ》や物語《ものがたり》を読《よ》むと
未知《みち》の世界《せかい》や人《ひと》に出会《であ》えるし、
おまけに読解力《どっかいりょく》も上《あ》がる！

冬斗《ふゆと》は小説《しょうせつ》好《ず》きですが、ボクはちょっと……。小説《しょうせつ》とか物語《ものがたり》って、空想《くうそう》の話《はなし》ですよね。だから勉強《べんきょう》の役《やく》には立《た》たないと思《おも》うんだけど……。

たしかに、すぐには役立《やくだ》たないかもしれない。でも、できることなら読《よ》んでほしいな。なぜなら、**すぐれた物語《ものがたり》は人間《にんげん》の真《しん》の部分《ぶぶん》を映《うつ》し出《だ》している**から。「シャネル」という有名《ゆうめい》ブランドをつくったココ・シャネルも、「本《ほん》を読《よ》んでいるから、さまざまな人間《にんげん》のことがわかるし社会《しゃかい》のこともわかる」といっています。

なぜ小説《しょうせつ》から、いろんな人間《にんげん》のことを学《まな》べるんですか？

小説《しょうせつ》にはたくさんの人《ひと》が出《で》てきます。かなり引《ひ》いちゃうような変人《へんじん》とか……。

なんで、そんな人《ひと》を作者《さくしゃ》は登場《とうじょう》させるのでしょうか？

それは、人間《にんげん》の極端《きょくたん》な部分《ぶぶん》をしっかり描《えが》き出《だ》そうとしているからなんだ。だから、小説《しょうせつ》を読《よ》むことで、人間《にんげん》のいろんな側面《そくめん》がわかってくるし、その結果《けっか》、心《こころ》も豊《ゆた》かになる。物語《ものがたり》の世界《せかい》に入《はい》り込《こ》むことで、うれしさや悲《かな》しみなど、登場《とうじょう》人物《じんぶつ》のさまざまな感情《かんじょう》を共有《きょうゆう》できるようになる。そうして**共感《きょうかん》する心《こころ》が養《やしな》われ**

るから、現実《げんじつ》の他人《たにん》の苦《くる》しみやよろこびもわかるようになるんですね。

それじゃあ、今度《こんど》読《よ》んでみようかな。おススメはありますか？

夏樹《なつき》くんが興味《きょうみ》があるものなら、なんでもいいと思《おも》いますよ。はやりのライトノベルでもかまわない。いや、マンガだっていいと思《おも》う。そして、できることなら、いずれは名作《めいさく》とか古典《こてん》を読《よ》んでほしいな。

古典《こてん》なんて古《ふる》くさすぎて、いま読《よ》んでも意味《いみ》ないでしょう？

いや、その逆《ぎゃく》なんだ。なぜ名作《めいさく》や古典《こてん》と呼《よ》ばれるかというと、それは時代《じだい》が変《か》わっても内容《ないよう》が色《いろ》あせないから。つまり**古典《こてん》の特徴《とくちょう》とは、ときを超《こ》えて多《おお》くの人《ひと》が共感《きょうかん》できる要素《ようそ》があり、そこから人間《にんげん》を理解《りかい》できるところにある**んだ。

また、基本的《きほんてき》に古典《こてん》は多《おお》くの人《ひと》に読《よ》まれているから、自分《じぶん》も読《よ》んでおくとほかの人《ひと》とも話《はなし》が通《つう》じ合《あ》う。たとえば、夏目漱石《なつめそうせき》の『坊《ぼ》っちゃん』について、年齢《ねんれい》が上《うえ》の人《ひと》とも盛《も》り上《あ》がれる。清少納言《せいしょうなごん》の『枕草子《まくらのそうし》』を知《し》っていると、「やっぱり『春《はる》はあけぼの』だよね」と話《はな》し合《あ》えたりする。ちなみに、これは『枕草《まくらのそう》子《し》』の冒頭部分《ぼうとうぶぶん》で「春《はる》は明《あ》け方《がた》の様子《ようす》がステキ」という意味《いみ》ですね。

私《わたし》は「にほんごであそぼ」というテレビ番組《ばんぐみ》の総合指導《そうごうしどう》をしていますが、それは、「日本中《にほんじゅう》の子《こ》どもたちに古典《こてん》や名作《めいさく》に登場《とうじょう》する言葉《ことば》を知《し》ってもらいたい!」と思《おも》っているからなんですよ。

古典《こてん》の大切《たいせつ》さはわかりましたが、どうにも読《よ》みにくそうで……。
たしかに、かんたんには読《よ》めないかもしれない。ただ、**「自分《じぶん》にはむずかしいかな?」と思《おも》うようなことにも、ときには背伸《せの》びしてチャレンジしてみる。そうすると、確実《かくじつ》に成長《せいちょう》できる**んだよね。重《おも》いものを持《も》ち上《あ》げて腕《うで》をきたえると、いつのまにか同《おな》じものでも軽《かる》く感《かん》じられるように、名作《めいさく》や古典《こてん》を読《よ》んでおくと、現代《げんだい》の文学作品《ぶんがくさくひん》もかんたんに読《よ》めるようになる。そうなれば、自然《しぜん》と読書《どくしょ》する習慣《しゅうかん》もつき、読《よ》むスピードも上《あ》がり、読書量《どくしょりょう》もさらに増《ふ》えるでしょう。

へぇー。じゃあ、なんとかがんばって、古典《こてん》や名作《めいさく》も読《よ》んでみようかな。
写真《しゃしん》を撮《と》るときに「この一瞬《いっしゅん》が美《うつく》しい」と思《おも》うことがあるように、人生《じんせい》のすば

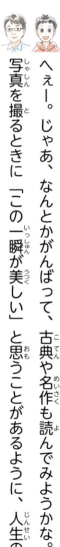

らしさを文字《もじ》にして残《のこ》したものが文学《ぶんがく》なんですね。ふだんの生活《せいかつ》では気《き》づかないことを気《き》づかせてくれる、とても大切《たいせつ》な文化《ぶんか》です。

あっ、それに**言葉《ことば》で興奮《こうふん》したり感動《かんどう》できるって、人間《にんげん》だけの特権《とっけん》**ですよね！

そのとおり！　本《ほん》を読《よ》んでいるとき、人《ひと》は頭《あたま》のなかで文字《もじ》を映像化《えいぞうか》しています。そうして**登場人物《とうじょうじんぶつ》に自分《じぶん》を重《かさ》ね合《あ》わせることで、自分《じぶん》が経験《けいけん》できないであろうことを経験《けいけん》できるのが、小説《しょうせつ》を読《よ》むことの絶対的《ぜったいてき》にいいところ**なんですね。

だから、「小説《しょうせつ》なんて……」といわずに、すぐれた物語《ものがたり》をどんどん読《よ》んでほしい。読《よ》んだ数《かず》に比例《ひれい》して、みんなの心《こころ》が豊《ゆた》かになっていくこと、先生《せんせい》が保証《ほしょう》します！

齋藤流
考える
ヒント！

まずは読《よ》みやすそうな作品《さくひん》からチャレンジ！
それから、古典《こてん》や名作《めいさく》にもアタックしてみよう！

外国《がいこく》の人《ひと》や文化《ぶんか》と、どうつき合《あ》えばいい？

A

異文化《いぶんか》とのふれあいは、自分《じぶん》の世界《せかい》を広《ひろ》げてくれるから、できるだけ交流《こうりゅう》したほうがいい！

B

外国《がいこく》のことなんて
どうせわからないんだから、
ムリしてつき合《あ》うことないよ。

最近《さいきん》、ますます近所《きんじょ》に外国人《がいこくじん》の観光客《かんこうきゃく》が増《ふ》えてきた気《き》がします。知《し》らない言葉《ことば》を大声《おおごえ》で話《はな》しているのを聞《き》くと、なんかちょっとこわい感《かん》じもするし……。いったい、外国《がいこく》の人《ひと》や文化《ぶんか》とどう接《せっ》すればいいのかなぁ？

夏樹《なつき》くんがとまどうのもわかる。たしかに「勉強《べんきょう》になるから、異《こと》なる文化《ぶんか》も積極的《せっきょくてき》に取《と》り入《い》れよう」という意見《いけん》があれば、「日本《にほん》には独自《どくじ》の文化《ぶんか》があるのだから、ムリに外国《がいこく》のマネをすることなどない！」という声《こえ》もあるし。

ただ、いまの時代《じだい》、そもそも日本《にほん》にかぎらず、外国《がいこく》からの影響《えいきょう》をまったく受《う》けていない国《くに》というのはほとんどないでしょ。だからとりあえず、あまりこわがらずに異文化《いぶんか》と接《せっ》してみることが大切《たいせつ》じゃないかな。

なるほど。でも、具体的《ぐたいてき》にはどうやって？

なにごともバランスが大事《だいじ》だよね。まず、日本《にほん》には独自《どくじ》の文化《ぶんか》や風習《ふうしゅう》があるのだから、それをムリに西洋風《せいようふう》にする必要《ひつよう》はない。つまり、**日本《にほん》のよさ、日本《にほん》らしさというものを理解《りかい》し、尊重《そんちょう》したうえで、ほかの国《くに》の文化《ぶんか》に接《せっ》することが大《だい》**

前提《ぜんてい》になると思《おも》います。日本《にほん》の文化《ぶんか》を知《し》らずに外国《がいこく》のマネをするのもいけないし、逆《ぎゃく》にまったく外国《がいこく》の文化《ぶんか》や習慣《しゅうかん》を参考《さんこう》にしないというのもヘンだということですね。

そう。実際《じっさい》、江戸時代《えどじだい》が終《お》わって明治期《めいじき》に入《はい》った約《やく》150年前《ねんまえ》、新《あたら》しい西洋文化《せいようぶんか》に夢中《むちゅう》になった人《ひと》たちがたくさんいて、「西洋《せいよう》は進《すす》んでいるからなんでも取《と》り入《い》れよう」という雰囲気《ふんいき》になります。結局《けっきょく》、実現《じつげん》しませんでしたが……。

あれ？　たしか当時《とうじ》の絵《え》とかは外国人《がいこくじん》から高《たか》く評価《ひょうか》されていたような……。

よく知《し》ってるね。たとえば、ゴッホやモネなど多《おお》くの画家《がか》たちが、日本《にほん》の浮世絵《うきよえ》の影響《えいきょう》を受《う》けています。ところが、歌舞伎《かぶき》や浮世絵《うきよえ》など日本独自《にほんどくじ》の文化《ぶんか》に対《たい》し、「日本《にほん》の伝統文化《でんとうぶんか》は古《ふる》いものだ」と下《した》に見《み》た日本人《にほんじん》がたくさんいて、なかには「日本語《にほんご》をやめてフランス語《ご》を使《つか》おう！」という話《はなし》もあったそうです。

実現《じつげん》していたらと思《おも》うと、ちょっとゾッとしますね。

ところが、その後《ご》、日本文化《にほんぶんか》のピンチがまたまたやってきます。いまから70年《ねん》

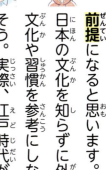

以上前《いじょうまえ》、日本《にほん》がアメリカとの戦争《せんそう》に敗《やぶ》れると、今度《こんど》は「アメリカのものをなんでも取《と》り入《い》れよう」ということになった。これは、いまの時代《じだい》にも影響《えいきょう》が残《のこ》っているところがあるかもしれないですが……。

ボクもハンバーガーは大好《だいす》きですが、そればっかりだとちょっとなぁ……。

やっぱり、大事《だいじ》なのはバランスなんですね。**西洋《せいよう》のいいところと日本《にほん》のいいところをうまく組《く》み合《あ》わせる。これを「和洋折衷《わようせっちゅう》」とか「和魂洋才《わこんようさい》」といいます**。「和《わ》」が日本《にほん》、「洋《よう》」は西洋《せいよう》で、「折衷《せっちゅう》」とは「うまく取《と》りまとめる」ということ。「和魂洋才《わこんようさい》」も、「日本《にほん》の伝統的《でんとうてき》な精神《せいしん》を大切《たいせつ》にしつつ、西洋《せいよう》のすぐれた学問《がくもん》や知識《ちしき》を吸収《きゅうしゅう》して、うまく調和《ちょうわ》させていく」という意味《いみ》ですね。

そういう考《かんが》えは、すごくいいと思《おも》います！

でしょ？　実《じつ》は先生《せんせい》が考《かんが》える**日本《にほん》の強《つよ》みとは、外国《がいこく》の文化《ぶんか》や技術《ぎじゅつ》のよいところを取《と》り入《い》れて、それをうまくアレンジする力《ちから》**なんだ。たとえば漢字《かんじ》はもともと中国《ちゅうごく》のものだけど、それをうまく取《と》り入《い》れ、さらにひ

らがなやカタカナまでつくっちゃった。また、お尻《しり》まで洗《あら》ってくれる温水便座《おんすいべんざ》も日本人《にほんじん》が開発《かいはつ》したものだけど、これも、もとは西洋《せいよう》のトイレでしょ。

あっ、ラーメンだって、本場《ほんば》、中国《ちゅうごく》の人《ひと》がわざわざ食《た》べに来《き》ています！

そう考《かんが》えると、いまの時代《じだい》はどれが「日本文化《にほんぶんか》」だとか、どれが「外国《がいこく》の文《ぶん》化《か》」だとかということは、実《じつ》はそんなに問題《もんだい》にすることではないのかもしれない。それよりも、**海外《かいがい》のものもうまく取《と》り入《い》れてよりよいものにしていくことこそが「日本《にほん》らしさ」「日本《にほん》の文化《ぶんか》」**だということ。そうしたことに、私《わたし》たちももっと誇《ほこ》りを持《も》ってもいいんじゃないのかな。

齋藤流 考えるヒント！

「和魂洋才《わこんようさい》」でよりよいものをつくるのが日本《にほん》らしさ！ だから広《ひろ》い心《こころ》でいろいろな文化《ぶんか》に触《ふ》れてみよう！

これからは英語《えいご》が話《はな》せないと、やっぱりダメなの？

ギモン 10

A

世界中《せかいじゅう》の人《ひと》とつながれるのだから、英語《えいご》を話《はな》せたほうが絶対《ぜったい》に楽《たの》しいし将来《しょうらい》も安心《あんしん》！

B

日常生活《にちじょうせいかつ》では使《つか》わないんだから、
話《はな》したい人《ひと》だけが話《はな》せばいい。
全員《ぜいいん》が勉強《べんきょう》する意味《いみ》なんてないね。

先生《せんせい》、ボクはハッキリいって英語《えいご》が苦手《にがて》です！　日本人《にほんじん》なんだから日本語《にほんご》で話《はな》せればいいと思《おも》うんですが、英語《えいご》は必修科目《ひっしゅうかもく》だから困《こま》っています！

いまは「**グローバル社会《しゃかい》**」といって、世界中《せかいじゅう》とコミュニケーションをとる時代《じだい》だからね。そのためにも、英語《えいご》を話《はな》せたほうが便利《べんり》なのはたしかでしょう。

でも、家族《かぞく》や友《とも》だちとの会話《かいわ》は当然《とうぜん》、日本語《にほんご》で十分《じゅうぶん》。アメリカやイギリスから日本《にほん》にもどってきた同級生《どうきゅうせい》もいるけど、英語以外《えいごいがい》の科目《かもく》だったら、ボクらのほうができるかもしれない。英語《えいご》ができるだけでエラいなんておかしいよ！

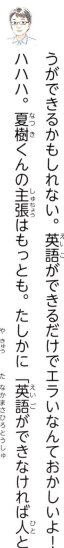

ハハハ。夏樹《なつき》くんの主張《しゅちょう》はもっとも。たしかに「英語《えいご》ができなければ人《ひと》としてダメ」ということにはならないですね。野球《やきゅう》の田中将大投手《たなかまさひろとうしゅ》やダルビッシュ投手《とうしゅ》も、英語《えいご》ができるからアメリカの大《だい》リーグで活躍《かつやく》しているわけではないし。また、２００８年《ねん》にノーベル物理学賞《ぶつりがくしょう》を受賞《じゅしょう》した益川敏英博士《ますかわとしひではかせ》も、「英語《えいご》は全然《ぜんぜん》できないよ」ってインタビューでいっていたぐらいだから。

サッカーの長友選手《ながともせんしゅ》だって、海外《かいがい》で認《みと》められた理由《りゆう》は、言葉《ことば》がうまいからじゃなくてサッカーの技術《ぎじゅつ》が高《たか》いから、ですよね。

そのとおりだね。長友選手《ながともせんしゅ》といえば、かつて、日本流《にほんりゅう》のお辞儀《じぎ》をチームメイトに流行《りゅうこう》させたのは、とても印象的《いんしょうてき》でした。あれは言葉《ことば》の力《ちから》じゃなくて、彼《かれ》の人《ひと》柄《がら》によるものだと思《おも》います。

そう考《かんが》えていくと、言葉《ことば》が上手《じょうず》じゃなくても、自分《じぶん》の特徴《とくちょう》をしっかりアピールできれば、それで十分《じゅうぶん》に外国《がいこく》になじめるということ。いや、もしかすると、**大《だい》事《じ》なのは言語能力《げんごのうりょく》よりも「コミュニケーション力《りょく》」**なのかもしれない。

じゃあ、自分《じぶん》の得意《とくい》なことがあれば、英語力《えいごりょく》はいらないってなるのでは？

いや、やっぱり英語《えいご》は勉強《べんきょう》しておいたほうが有利《ゆうり》なのは、まちがいありませんね。かんたんでもいいから英語《えいご》ができるほうが、広《ひろ》く人《ひと》とつながれるし。

そっかぁ。たしかに、ちょっと前《まえ》にユーチューブで有名《ゆうめい》になったピコ太郎《たろう》の「PPAP」。ボクもマネしましたが、あれが、もし日本語《にほんご》だったらあんなブームは絶対《ぜったい》に巻《ま》き起《お》こせなかったでしょうね。

うん。そう考《かんが》えると「コミュニケーション力《りょく》+英語力《えいごりょく》」がひとつの理想《りそう》かも。なんてたって、世界《せかい》でいちばん話《はな》されている言語《げんご》だしね。

それはそうですけど、べつに留学《りゅうがく》する気《き》もないのに英語《えいご》をやるのも……。

そこがポイントなんだ。いい機会《きかい》だから、なぜ医学《いがく》や法律《ほうりつ》といった西洋《せいよう》から来《き》たむずかしい学問《がくもん》を、いまの私《わたし》たちが日本《にほん》で勉強《べんきょう》できるのか、考《かんが》えてみようか。
その答《こた》えは、**みんなの先輩《せんぱい》が苦労《くろう》して、英語《えいご》をうまい日本語《にほんご》に置《お》き換《か》えてくれたおかげ**なんだ。

あ、だから、留学《りゅうがく》しなくても日本《にほん》で勉強《べんきょう》すれば立派《りっぱ》なお医者《いしゃ》さんや弁護士《べんごし》にもなれるようになったわけですね。

ところが世界《せかい》では、英語《えいご》で勉強《べんきょう》しないとプロや専門家《せんもんか》になれない国《くに》がたくさんある。その意味《いみ》で、日本《にほん》は非常《ひじょう》に進《すす》んだ国《くに》なのです。だから、日本語《にほんご》で通《つう》じ合《あ》える、わかり合《あ》えるということを、誇《ほこ》りに思《おも》ってほしい。そして、その誇《ほこ》りを胸《むね》に、世界《せかい》に日本《にほん》のすばらしさを伝《つた》えてほしいと思《おも》うんだ。

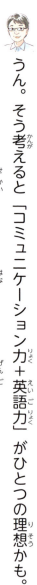

つまり、日本《にほん》のすごさを伝《つた》えるためにも、英語《えいご》を勉強《べんきょう》しようということですね。

そのとおり。それが真《しん》の〝国際人《こくさいじん》〟なんじゃないかな。**外国語《がいこくご》がうまく話《はな》せても自分《じぶん》の国《くに》のことを知《し》らない人《ひと》は、けっして国際人《こくさいじん》ではない**と思《おも》います。

だから、国語《こくご》も社会《しゃかい》もがんばろうよ。自分《じぶん》の国《くに》のことも外国《がいこく》のことも理解《りかい》し、英語《えいご》で語《かた》り合《あ》えたら、それこそ最高《さいこう》にカッコいい国際人《こくさいじん》でしょ？

英語《えいご》の授業《じゅぎょう》で発音《はつおん》がいい子《こ》がいても、「なんだよ、カッコつけて」なんて、ねたむ必要《ひつよう》などまったくない。むしろ、「アイツ、先生《せんせい》よりも発音《はつおん》がうまくてカッコいいじゃん！」って、みんなでマネすればいいと思《おも》うよ。

齋藤流 考えるヒント！

英語《えいご》は勉強《べんきょう》しておいたほうがいいのはまちがいない！ただし、自分《じぶん》の国《くに》のこともきちんと知《し》っておこう！

いったいどうすれば、世界《せかい》から戦争《せんそう》がなくなるの？

ギモン 11

A

戦争《せんそう》はダメ、絶対《ぜったい》！ 軍隊《ぐんたい》があるから戦争《せんそう》が起《お》こるので、全世界《ぜんせかい》でなくすべきだよ！

B

平和《へいわ》を守《まも》るためには備《そな》えも必要《ひつよう》。
自分《じぶん》たちが弱《よわ》いとかえって
悪《わる》い国《くに》につけ込《こ》まれちゃうよ！

外国人《がいこくじん》と、どう仲《なか》よくすればいいのかはわかりました。ただ、ニュースを観《み》ていると、しょっちゅう「○×地方《ちほう》で戦争《せんそう》が始《はじ》まった！」なんていっている気《き》がします。なんで世界中《せかいじゅう》の人全員《ひとぜんいん》が仲《なか》よくなれないのかなぁ？

戦争《せんそう》と平和《へいわ》というのは非常《ひじょう》に大《おお》きなテーマですから、まず近現代《きんげんだい》でなにが起《お》きたのか、おさらいしておきましょう。

20世紀《せいき》には、悲惨《ひさん》な戦争《せんそう》がいくつもありました。代表的《だいひょうてき》なのが「**第1次世界大戦**《だいじせかいたいせん》」。それで大量《たいりょう》の人《ひと》が亡《な》くなってしまったことを反省《はんせい》し、戦争《せんそう》が二度《にど》と起《お》こらないようにするためにつくられたのが「**国際連盟**《こくさいれんめい》」です。これは主《おも》に話《はな》し合《あ》いによって戦争《せんそう》をなくそうとしたんだけど、すぐに「**第2次世界大戦**《だいじせかいたいせん》」が起《お》きてしまいました。そこで戦後《せんご》、今度《こんど》は「**国際連合**《こくさいれんごう》」というものをつくって、主《おも》に軍事力《ぐんじりょく》を背景《はいけい》にして戦争《せんそう》を止《と》めようという思想《しそう》になったんですね。

軍事力《ぐんじりょく》を背景《はいけい》に……。いったい、どういうことでしょうか？

おかしな行動《こうどう》をとる国《くに》に対《たい》して、力《ちから》を見《み》せつけるということですね。みんなが団結《だんけつ》して強《つよ》い意思《いし》をあらわすことで、戦争《せんそう》をなくそうという考《かんが》え方《かた》です。

たしかに、みんなからおしおきされると思《おも》えば、悪《わる》いことはできませんね。

そういう考《かんが》え方《かた》でやってきましたが、21世紀《せいき》にもなって、また戦争《せんそう》が始《はじ》まってしまいます。2001年《ねん》9月《がつ》11日《にち》、ニューヨークの世界貿易《せかいぼうえき》センタービルに飛行機《ひこうき》が突入《とつにゅう》。怒《おこ》ったアメリカは、犯人《はんにん》とみられるテロ組織《そしき》を徹底攻撃《てっていこうげき》しました。

さらにその後《ご》、アメリカとイラクのあいだの戦争《せんそう》にまで、拡大《かくだい》していきます。

イラクが、大量破壊兵器《たいりょうはかいへいき》というものすごい破壊力《はかいりょく》の兵器《へいき》を隠《かく》し持《も》っているので、やっつけてしまおうというのが、戦争《せんそう》が始《はじ》まった理由《りゆう》です。

そりゃ、アブナイ兵器《へいき》があるのがわかっているなら先《さき》にやっつけないと。

ところが、のちにそんな兵器《へいき》などなかったことが、明《あき》らかになってしまいます。

戦争《せんそう》を始《はじ》めるためのでっちあげだったのでしょう。このように、**人間《にんげん》は本来《ほんらい》、頭《あたま》がいいはずなのに、戦争《せんそう》というバカなことを繰《く》り返《かえ》してきたわけ**です。

でも、日本《にほん》は戦争《せんそう》しないんですよね。たしか憲法《けんぽう》にそう書《か》いてあったような。

そう。**第《だい》2次世界大戦《じせかいたいせん》の敗戦後《はいせんご》につくられた「日本国憲法《にほんこくけんぽう》」には、日本《にほん》は戦争《せんそう》を放棄《ほうき》し軍備《ぐんび》も持《も》たないということが書《か》かれています**。だから、日本《にほん》は戦争《せんそう》には絶対《ぜったい》にかかわらない平和《へいわ》な国《くに》だと、ずっとみんなが思《おも》ってきたわけです。ところが、戦後《せんご》70年以上《ねんいじょう》たったいま、近《ちか》くの国《くに》がミサイルを撃《う》ってくるかもしれないという事態《じたい》が起《お》きつつある。では、どうしたら平和《へいわ》を守《まも》れるのか、あらためて考《かんが》えなければならなくなったんですね。

自衛隊《じえいたい》っていうのは、そういうときのためにあるんじゃないですか？

そうですね。ただ、それだけでは不安《ふあん》だから、いざというとき軍備《ぐんび》が強《つよ》いアメリカに助《たす》けてもらうことにもなっています。その約束《やくそく》を取《と》り決《き》めたものが、**「日米安全保障条約《にちべいあんぜんほしょうじょうやく》」**なんですね。

ただ、助《たす》けてもらえるのはいいけど、アメリカが戦争《せんそう》を始《はじ》めたとき、日本《にほん》も仲《なか》間《ま》の一員《いちいん》として戦争《せんそう》しなきゃいけないのかなぁ。それはイヤなんだけど。

そうだね。日本《にほん》は絶対《ぜったい》に戦争《せんそう》には参加《さんか》しないという立場《たちば》をとっているけど、そ

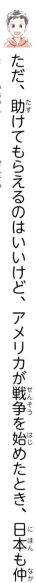

れを決《き》めた憲法《けんぽう》を変《か》えようという動《うご》きもあるし……。これからどうなるかは、今後《こんご》の日本《にほん》をつくっていく夏樹《なつき》くんたち次第《しだい》ですね。

やっぱり、話《はな》し合《あ》いでどうにか戦争《せんそう》をしないようにしないと……。

たしかに。ただ**だれもが、話《はな》し合《あ》いで解決《かいけつ》していくのが望《のぞ》ましいと思《おも》っていますが、それができない場合《ばあい》にどうするのか。いまだに世界中《せかいじゅう》でその答《こた》えを探《さが》している段階《だんかい》**なんです。だから、若《わか》いキミたちが戦争《せんそう》を絶対《ぜったい》に避《さ》けるためには、いったいどうしたらいいのか。ずっと真剣《しんけん》に考《かんが》えていって、いつか平和《へいわ》な世界《せかい》を実現《じつげん》してほしいと願《ねが》っています。

いまだ戦争《せんそう》がなくならない、これが世界《せかい》の現実《げんじつ》！ そのうえで、世界《せかい》が平和《へいわ》になる方法《ほうほう》を考《かんが》えてみよう！

ギモン
12

ふるさとと都会《とかい》、どっちがいいの？

A

ふるさとは大事《だいじ》な自分《じぶん》のルーツ。だから、どこにいようと、地元《じもと》を愛《あい》するのは当《あ》たり前《まえ》！

B

自分《じぶん》のいなかは遠《とお》いし不便《ふべん》。
都会《とかい》の生活《せいかつ》のほうが便利《べんり》だし、
こっちを大事《だいじ》にしないとね！

先生《せんせい》は静岡県出身《しずおかけんしゅっしん》でしたよね。

そうです。いまは仕事《しごと》があるから東京《とうきょう》にいますけど、静岡県出身《しずおかけんしゅっしん》という誇《ほこ》りはずっと持《も》ち続《つづ》けていますよ。冬斗《ふゆと》くんは？

ボクは岩手県《いわてけん》の花巻《はなまき》で生《う》まれました。

へえ。先生《せんせい》の好《す》きな宮沢賢治《みやざわけんじ》の出身地《しゅっしんち》ですね。あ、最近《さいきん》では市内《しない》の同《おな》じ高校出《こうこうしゅっ》身《しん》の菊池雄星投手《きくちゆうせいとうしゅ》や、二刀流《にとうりゅう》で海《うみ》をわたった大谷翔平選手《おおたにしょうへいせんしゅ》のほうが有名《ゆうめい》かな。

ふたりともすごい野球選手《やきゅうせんしゅ》ですが、宮沢賢治《みやざわけんじ》ももちろん有名《ゆうめい》です。地元《じもと》の誇《ほこ》りですね。

宮沢賢治《みやざわけんじ》の作品《さくひん》の舞台《ぶたい》は、岩手県花巻周辺《いわてけんはなまきしゅうへん》の自然《しぜん》がものすごく生《い》きているんだよね。彼《かれ》は厳《きび》しい風土《ふうど》の岩手《いわて》を「イーハトーブ」と呼《よ》んで、理想郷《りそうきょう》にしていきたいという思《おも》いをいだいていたわけです。賢治《けんじ》が花巻《はなまき》の出身《しゅっしん》じゃなかったら、作品《さくひん》の味《あじ》もちがったものになっていたかもしれませんね。

岩手《いわて》の風土《ふうど》が、宮沢賢治《みやざわけんじ》をつくり上《あ》げたということですか。やっぱり、ふるさ

とというのは大事《だいじ》なんだなぁ。

自分《じぶん》のふるさとのよさをアピールすることを、「**お国自慢《くにじまん》**」といいます。

そういえば、出演者《しゅつえんしゃ》がまさに「お国自慢《くにじまん》」をし合《あ》うテレビ番組《ばんぐみ》もありますね。ときには、よその県《けん》の悪口《わるぐち》までいったりして……。

あれは基本的《きほんてき》には「よそよりもウチの県《けん》のほうがすごい!」といいたいだけで、けっして相手《あいて》をおとしめるつもりはないでしょう。

だから、ちょっと笑《わら》っちゃうところがあるのか。出《で》ている人《ひと》はみんな「ここで生《う》まれ育《そだ》ってよかった」という思《おも》いが強《つよ》いことがよくわかります。ただ、世《よ》の中《なか》には、地元《じもと》のことをあまりよく思《おも》っていない人《ひと》もいますよね?

もちろん、あまりいい思《おも》い出《で》がなければそうなるよね。ただ、**自分《じぶん》を育《はぐく》んでくれた土地《とち》の風習《ふうしゅう》や食《しょく》は、その人《ひと》の一部《いちぶ》としてどこかに残《のこ》っている**はず。ですから、冷静《れいせい》に生《う》まれ故郷《こきょう》を見《み》つめ直《なお》してみてほしいなと思《おも》います。

たしかに、東京《とうきょう》に引《ひ》っ越《こ》してきてから、「自分《じぶん》の習慣《しゅうかん》は地元独特《じもとどくとく》のものだった

んだなぁ」と思《おも》わされたことも数多《かずおお》くあります。

先生《せんせい》が大学《だいがく》で教《おし》えている学生《がくせい》に群馬県《ぐんまけん》の出身者《しゅっしんしゃ》がいるんだけど、彼《かれ》らの幼少期《ようしょうき》もすごいね。群馬県出身者《ぐんまけんしゅっしんしゃ》に「絹《きぬ》と生糸《きいと》は……」というと、「日本一《にほんいち》！」と、みんなが同《おな》じ回答《かいとう》をするんだ。その理由《りゆう》は群馬県《ぐんまけん》の人《ひと》は全員《ぜんいん》、小学生《しょうがくせい》のときに「上毛《じょうもう》かるた」という遊《あそ》びをやっているからなんです。これは群馬県《ぐんまけん》の話題《わだい》だけで成《な》り立《た》っているという、とてもおもしろいかるたなんですよね。たとえば

あ＝浅間《あさま》のいたずら　鬼《おに》の押《お》し出《だ》し

い＝伊香保温泉《いかほおんせん》　日本《にほん》の名湯《めいとう》

う＝碓氷峠《うすいとうげ》の関所跡《せきしょあと》

え＝縁起《えんぎ》だるまの少林山《しょうりんざん》

お＝太田金山《おおたかなやま》　子育《こそだ》て呑龍《どんりゅう》

という感《かん》じです。つまり群馬《ぐんま》の名所《めいしょ》、名物《めいぶつ》、名産品《めいさんひん》など、いいところが満載《まんさい》のこのかるたを通《つう》じて、ふるさとの誇《ほこ》りをみんなで共有《きょうゆう》しているというわけです。ただ、郷土愛《きょうどあい》は群馬県民《ぐんまけんみん》だけの特徴《とくちょう》じゃないですよね。富山県《とやまけん》から転校《てんこう》してきた友《とも》だちも、「富山《とやま》は食《た》べ物《もの》がホントにウマいし、自然《しぜん》もキレイ」って絶賛《ぜっさん》していました。もちろん、ボクのふるさと、花巻《はなまき》も温泉《おんせん》があっていいですよ。

私《わたし》の実感《じっかん》ですが、やっぱり**ふるさとが好《す》きという人《ひと》は、そうでない人《ひと》よりも「幸福感《こうふくかん》」が高《たか》い**んじゃないかな。その意味《いみ》でも、ふるさとに誇《ほこ》りを持《も》てるように、離《はな》れていても自分《じぶん》のルーツについて考《かんが》え、知《し》ってほしいと思《おも》います。

齋藤流 考えるヒント！

郷土愛《きょうどあい》を持《も》っている人《ひと》は幸福感《こうふくかん》が高《たか》い！
これを機《き》に、自分《じぶん》のルーツについても考《かんが》えてみよう！

地域《ちいき》のお祭《まつ》りに参加《さんか》する意味《いみ》なんてあるの？

ギモン 13

A

地域《ちいき》のお祭《まつ》りは長《なが》いあいだ、みんなが守《まも》ってきたものだからいっしょに参加《さんか》するのが大事《だいじ》だよ！

B

お祭《まつ》りなんて古《ふる》くさいよ。
意味《いみ》もわからないし、
べつに参加《さんか》しなくたって問題《もんだい》ナシ！

ボクの家《いえ》の近《ちか》くの神社《じんじゃ》でお祭《まつ》りがありますが、もう昔《むかし》ほどワクワクしないんです。なんか古《ふる》くさい感《かん》じもするし、メンドくさいし、家《いえ》でゲームをしていたほうが楽《たの》しいし……。べつにムリに存続《そんぞく》させることはないと思《おも》うのですが……。

うーん。お祭《まつ》りには必《かなら》ず意味《いみ》があるんだし、それが面倒《めんどう》だというのはもったいないですよ。

そうかなぁ。お祭《まつ》りに参加《さんか》する意義《いぎ》が、イマイチよくわかりませんが……。

まず、自分《じぶん》が日々《ひび》暮《く》らしている場所《ばしょ》を、大切《たいせつ》にするということ。いっしょにおみこしを担《かつ》いだりするのは面倒《めんどう》かもしれないけど、そういうことをやっておくと、地域《ちいき》の人同士《ひとどうし》で仲《なか》よくなれるよね。顔見知《かおみし》りが多《おお》いほうが、安心《あんしん》できるし。
そして、地域《ちいき》の人《ひと》とのつながりを実感《じっかん》していくうちに、いつしか「ここに住《す》んでてよかったなぁ」と思《おも》うようになるんだ。

でも、仲《なか》よくするのなら、お祭《まつ》りでなくてもいいと思《おも》いますよ。

いや、実《じつ》はお祭《まつ》りがいちばん手《て》っ取《と》り早《ばや》いんだよ。そもそも、人《ひと》がお祭《まつ》りをす

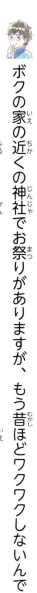

るのは、神《かみ》さまに捧《ささ》げ物《もの》をしてみんなの幸《しあわ》せを願《ねが》うためと、そこに**みんなでいっしょに参加《さんか》するという「一体感《いったいかん》」が楽《たの》しい**からなんですね。

そっか！　おみこしって重《おも》くて担《かつ》ぐのも大変《たいへん》なんだけど、神《かみ》さまが乗《の》っているものを支《ささ》えていると思《おも》うから、力《ちから》がグッと出《で》てくるんですね。

冬斗《ふゆと》くんも知《し》っている、あのエジプトのピラミッド。実《じつ》は、これまでは奴隷《どれい》がムリやりつくらされたと考《かんが》えられてきたんだけど、近年《きんねん》では神聖《しんせい》な神《かみ》さまとかかわれるチャンスだからと、人々《ひとびと》はよろこんで建設《けんせつ》に参加《さんか》したという説《せつ》のほうが有力《ゆうりょく》なんです。つまり、**強制的《きょうせいてき》にやらされていたのではなくて、みんながみずから進《すす》んで参加《さんか》した〝地域《ちいき》の行事《ぎょうじ》〟だった**というわけなんですね。

なるほど。地域《ちいき》を守《まも》る神《かみ》さまのために行《おこな》うものだから、みんながよろこんで参《さん》加《か》するわけか。ほかのイベントでは、なかなか味《あじ》わえないような一体感《いったいかん》がお祭《まつ》りにある理由《りゆう》も、それでなんとなく理解《りかい》できます。

先生《せんせい》が小学生《しょうがくせい》のころに住《す》んでいた静岡県《しずおかけん》の町《まち》では、夏《なつ》になると公園《こうえん》に大人《おとな》が土《ど》

俵《ひょう》をつくってくれました。建設会社《けんせつがいしゃ》の人《ひと》がトラックでわざわざ土《つち》を運《はこ》んできて、まるで国技館《こくぎかん》にあるような土俵《どひょう》をつくったのです。

そこで相撲大会《すもうたいかい》が開《ひら》かれて、商店会《しょうてんかい》が賞品《しょうひん》を出《だ》してくれる。たくさん勝《か》つとスイカを丸々《まるまる》もらえたりしたから、先生《せんせい》はこのお祭《まつ》りが毎年楽《まいとしたの》しみでした。

たしかに、ボクも花巻《はなまき》に住《す》んでいたころはお祭《まつ》りを楽《たの》しんでいたなぁ。

そうでしょう。それにしても、どこからかおカネが出《で》たわけでもないのに、毎《まい》年《とし》、大人《おとな》が土俵《どひょう》をつくっていたことを考《かんが》えると、ふるさと、地域社会《ちいきしゃかい》というのはいいもんだなぁ、とつくづく思《おも》います。だから、大人《おとな》になったいま、今度《こんど》は自分《じぶん》が子《こ》どもたちにそういうことをしてあげたいなと、強《つよ》く思《おも》うようになりました。こうした思《おも》いが、地域《ちいき》の伝統《でんとう》というものを形《かたち》づくるのでしょう。

それともうひとつ、いろんな年齢《ねんれい》の人《ひと》が来《く》るというのもお祭《まつ》りの特徴《とくちょう》かも。

そうですね。現代社会《げんだいしゃかい》は、人間《にんげん》と地域《ちいき》との結《むす》びつきがだんだん弱《よわ》くなっているといわれています。でも、**お祭《まつ》りのような地域《ちいき》のイベントに行《い》くと、学校《がっこう》の友《とも》**

だちとはまたべつの友《とも》だちができることもあるわけですね。

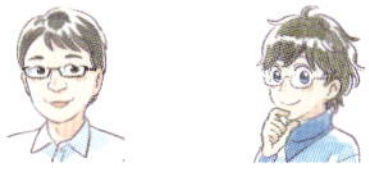

そうそう。他校《たこう》の生徒《せいと》とか、年《とし》の離《はな》れた人《ひと》たちとも、よく遊《あそ》びました！　みんなで金魚《きんぎょ》すくいやったり、楽《たの》しかったなぁ。

上《うえ》の人《ひと》に面倒《めんどう》を見《み》てもらう、そして自分《じぶん》も下《した》の子《こ》の面倒《めんどう》を見《み》る。こういうことが自然《しぜん》に行《おこな》われるのが、地域《ちいき》の集《あつ》まりならではの、いいところですね。

こんなふだんはない出会《であ》いも地域《ちいき》のイベントで生《う》まれますから、ぜひ積極的《せっきょくてき》に参加《さんか》して、いろいろな人《ひと》と交流《こうりゅう》を深《ふか》めてほしい。**そこで結《むす》ばれたきずなが、きっと地域《ちいき》の盛《も》り上《あ》がりにつながる第一歩《だいいっぽ》となる**はずですよ。

齋藤流 考えるヒント！

地域《ちいき》のイベントは多《おお》くの人《ひと》と触《ふ》れ合《あ》うチャンス！ 住《す》みやすさにもつながるから、なるべく参加《さんか》してみよう！

方言《ほうげん》を話《はな》すのはカッコ悪《わる》いこと？

ギモン 14

A

いいとか悪《わる》いとかじゃなく生《う》まれた場所《ばしょ》の言葉《ことば》なんだから、使《つか》うのは当《あ》たり前《まえ》じゃん！

B

標準語《ひょうじゅんご》を話《はな》さないとダサいし、そもそも意味《いみ》もよくわからない方言《ほうげん》を使《つか》う必要《ひつよう》なんてないね。

ワタシは小学校低学年《しょうがっこうていがくねん》のころに転校《てんこう》してきたんですが、いまも生《う》まれた場所《ばしょ》の方言《ほうげん》を使《つか》ってしまうことがあるんです。それをクラスの子《こ》にバカにされるんですが、できるだけ標準語《ひょうじゅんご》を話《はな》すように努力《どりょく》したほうがいいんでしょうか？

いやぁ、春実《はるみ》ちゃんのように生《う》まれた土地《とち》の方言《ほうげん》を話《はな》せるのはすばらしいことだよ。方言《ほうげん》はふるさとの誇《ほこ》りだからね。バカにされるようなことではない！

そ、そうなんですか。めずらしく、すごいいきおいですね……。

だって、考《かんが》えてみてごらん。**標準語《ひょうじゅんご》を話《はな》せるなんて、当《あ》たり前《まえ》すぎて自慢《じまん》にもならない**でしょ。でも、**方言《ほうげん》を話《はな》せるのは、その地方《ちほう》の人《ひと》だけだよね。だから、恥《は》ずかしがることではなくて、むしろ自慢《じまん》していいこと**だと思《おも》う。

先生《せんせい》が総合指導《そうごうしどう》を担当《たんとう》しているテレビ番組《ばんぐみ》「にほんごであそぼ」でも、方言《ほうげん》をたくさん取《と》り上《あ》げています。その一環《いっかん》として、宮沢賢治《みやざわけんじ》の「雨《あめ》ニモマケズ」を全国《ぜんこく》の方言《ほうげん》で読《よ》んでもらったことがありますが、どれもじんわり胸《むね》にしみ入《い》る味《あじ》わい深《ぶか》さがあったなぁ。

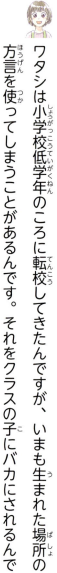

たとえば、最初《さいしょ》の「雨《あめ》ニモマケズ風《かぜ》ニモマケズ」を宮崎県《みやざきけん》の方言《ほうげん》でいうと「う雨《あめ》んも負《ま》けじう風《かぜ》にも負《ま》けじ」になりますし、これが石川県《いしかわけん》の方言《ほうげん》だと「雨《あめ》にも負《ま》けんと風《かぜ》にも負《ま》けんと」になるといった具合《ぐあい》に。

ただ、なまっていると、友《とも》だちに「ふつうに話《はな》して」といわれてしまって……。

その友《とも》だちは、東京《とうきょう》の方言《ほうげん》などないって思《おも》っているのかもしれないけど、実《じつ》は東京《とうきょう》にも「江戸弁《えどべん》」という方言《ほうげん》があったんですよ。いまでは、下町《したまち》のごく一部《いちぶ》の人《ひと》しか話《はな》せませんが。

誤解《ごかい》されがちだけど、**「標準語《ひょうじゅんご》」というのは東京《とうきょう》の言葉《ことば》ではない**んです。明治《めいじ》の初期《しょき》に、全国各地《ぜんこくかくち》の人《ひと》たちがスムーズに会話《かいわ》できるようにつくられた〝新《あたら》しい言葉《ことば》〟なんですね。だから、標準語《ひょうじゅんご》はべつにカッコよくもなんともないし、ましてや方言《ほうげん》を恥《は》ずかしがる必要《ひつよう》など、まったくないのです。

なるほどぉ。標準語《ひょうじゅんご》よりも方言《ほうげん》のほうが、はるかに歴史《れきし》が古《ふる》いんですね。

そう。だから、いまこそ方言《ほうげん》を守《まも》らなきゃいけない、と先生《せんせい》は思《おも》うわけです。

ふるさとの静岡《しずおか》では、「走《はし》る」ことを「とぶ」っていうんだけど、実際《じっさい》、先生《せんせい》が通《かよ》った小学校《しょうがっこう》には「ろうかはとぶな!」っていう紙《かみ》がはってあったんだ。先生《せんせい》がろうかを飛《と》んでる場面《ばめん》を思《おも》い浮《う》かべただけで、すごくウケます（笑）。でしょう? でも、実際《じっさい》には東京中心《とうきょうちゅうしん》のメディアの影響《えいきょう》などで、方言《ほうげん》を話《はな》す人《ひと》がだんだん少《すく》なくなっています。たとえば、鹿児島県《かごしまけん》の20代《だい》の人《ひと》は、80代《だい》の人《ひと》の半分《はんぶん》も方言《ほうげん》を話《はな》せないんだとか。これはかなり問題《もんだい》だと思《おも》いますね。

たしかに、自分《じぶん》のふるさとの言葉《ことば》を聞《き》くとホッとします。バカにされたときは「方言《ほうげん》なんてなければいいのに……」と思《おも》うこともあるけど、実際《じっさい》になくなってしまったらさびしくなるかもしれません。

それはそうでしょうね。だって、方言《ほうげん》はその地域《ちいき》の雰囲気《ふんいき》というものを映《うつ》し出《だ》しているものだから、方言《ほうげん》がなくなってしまったら、土地《とち》の魅力《みりょく》が半減《はんげん》してしまうでしょう。

関西《かんさい》のお笑《わら》い芸人《げいにん》さんが関西弁《かんさいべん》を使《つか》うのは、標準語《ひょうじゅんご》で話《はな》してもおもしろくもな

んともないから。「なんでやねん！」を「どうしてですか」といったって、盛《も》り上《あ》がらないよね。また、ドラマで西郷《せご》どん、あ、っていうか西郷隆盛《さいごうたかもり》が標準《ひょうじゅん》語《ご》を話《はな》していたら、それもヘンでしょ。「おいどん」とか「○○でごわす」とか、鹿児島弁《かごしまべん》で話《はな》すから雰囲気《ふんいき》が出《で》るんです。

テレビの標準語《ひょうじゅんご》に流《なが》される必要《ひつよう》はないってことですね。

いまはむしろ、方言《ほうげん》が話《はな》せるほうがウケるのでは。漫才《まんざい》だって栃木弁《とちぎべん》や山形弁《やまがたべん》、それに茨城弁《いばらきべん》など、さまざまな地方《ちほう》の言葉《ことば》を使《つか》うコンビが人気《にんき》を集《あつ》めています。

だから、方言《ほうげん》にもっと誇《ほこ》りを持《も》ってほしいですね。

齋藤流 考えるヒント！

標準語《ひょうじゅんご》なんて、都会《とかい》の言葉《ことば》でもなんでもない！ むしろ方言《ほうげん》ができることを誇《ほこ》りに思《おも》うべき！

ギモン 15

ひとつのことを やり続《つづ》けるほうがいいの？

A

一度《いちど》始《はじ》めたものを 途中《とちゅう》で投《な》げ出《だ》すのは、 根気《こんき》のなさのあらわれだよ！

B

イヤならさっさとやめて
ちがうことをやったほうが、
いろんな経験《けいけん》ができるはず！

ボクは習字《しゅうじ》を習《なら》っていますが、あんまりうまくならないから、やめようかなぁと思《おも》っています。でも、お父《とう》さんに「始《はじ》めたものを途中《とちゅう》で投《な》げ出《だ》すのはよくない！」といわれていて……。やっぱり、続《つづ》けたほうがいいのでしょうか？

うーん、夏樹《なつき》くんは習字《しゅうじ》を始《はじ》めてから、どれくらいたつのかな？

3カ月《げつ》になります。

ああ、ちょうど飽《あ》きてくる時期《じき》かも。先生《せんせい》も、夏樹《なつき》くんのように書道《しょどう》も習《なら》ったし、柔道教室《じゅうどうきょうしつ》にも行《い》くなど、いろいろな習《なら》い事《ごと》をしたけど、3カ月《げつ》ぐらいやると、けっこう飽《あ》きちゃうんだよね。いわば、**「三日坊主《みっかぼうず》」ならぬ「三《さん》カ月《げつ》坊主《ぼうず》」といったものが多《おお》かった**なぁ。

でも、「三《さん》カ月《げつ》坊主《ぼうず》」だったからこそ、その分《ぶん》いろんなことにチャレンジできました。だから、まるっきりマイナスだとは思《おも》っていないんですよ。

それなら、ボクも習字《しゅうじ》を「三《さん》カ月《げつ》坊主《ぼうず》」でやめることにして、べつのことをやってみようかな。正直《しょうじき》、あまりうまくなる手《て》ごたえもなかったし……。

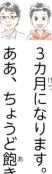

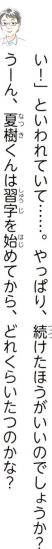

うん、それもアリだとは思《おも》う。**「なにかを途中《とちゅう》でやめたらダメ」なんてことはまったくないし、ダメなものを続《つづ》けても時間《じかん》のムダかもしれない**からね。

ただ、「石《いし》の上《うえ》にも三年《さんねん》」っていう言葉《ことば》もあります。たとえ冷《つめ》たい石《いし》の上《うえ》でも、3年間《ねんかん》も座《すわ》っていれば温《あたた》かくなるでしょ。

知《し》らないですよ。石《いし》の上《うえ》なんて30秒《びょう》くらいしか座《すわ》ったことないですし。

じゃなくて（笑）、どんなことでも辛抱強《しんぼうづよ》く続《つづ》けていれば、いずれは大《おお》きな成《せい》果《か》が出《で》るということ。逆《ぎゃく》にいえば、短期間《たんきかん》では成果《せいか》を出《だ》すのはなかなかむずかしいという意味《いみ》でもある。だから、「3カ月《げつ》くらいではなにもわからない。まず3年《ねん》がんばる！」という考《かんが》え方《かた》もアリといえばアリかな。

ええ!? いくらなんでも3年《ねん》は長《なが》すぎじゃないですか？

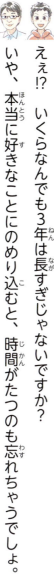

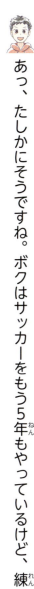

いや、本当《ほんとう》に好《す》きなことにのめり込《こ》むと、時間《じかん》がたつのも忘《わす》れちゃうでしょ。がむしゃらにがんばっていたら、3年《ねん》なんか、案外《あんがい》あっというまだよ。

あっ、たしかにそうですね。ボクはサッカーをもう5年《ねん》もやっているけど、練《れん》習《しゅう》がきつくても「やめたい」と思《おも》ったことは一度《いちど》もないです。

そうだよね。**「がんばろう！」ってわざわざ気合《きあ》いを入《い》れなくても、結果《けっか》として続《つづ》けられるものこそ、その人《ひと》に向《む》いているってこと。**２５００年前《ねんまえ》の孔子《こうし》という中国《ちゅうごく》のエラい学者《がくしゃ》は、「**知好楽**《ちこうらく》」という言葉《ことば》を残《のこ》しているよ。

チ・コウ・ラク……？　古代中国《こだいちゅうごく》のアヤシイ薬《くすり》かなにかですか？

ちがうよ（笑）。これは、文字《もじ》どおり、「知《し》っている人《ひと》」「好《す》きな人《ひと》」「楽《たの》しむ人《ひと》」ということ。たとえば、サッカーを知《し》っているだけの人《ひと》は、「好《す》き」という人《ひと》にはかなわない。でも、「サッカー好《ず》き」の人《ひと》より、実際《じっさい》にプレーして「楽《たの》しい！」って思《おも》えるほうがもっといい、ということ。

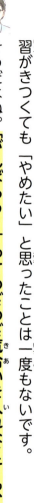

そうなると、習字《しゅうじ》はサッカーほどうまくならないかも。サッカーは楽《たの》しくてしょうがないけど、習字《しゅうじ》は「まあ、嫌《きら》いではないかな？」くらいだから。

うん、そこがポイントだね。「完全《かんぜん》にイヤだ」と思《おも》ったらやめるのもアリなんだけど、取《と》り組《く》み方次第《かたしだい》で、いままで嫌《きら》いだったものが好《す》きになることもあるから、「嫌《きら》いではない」程度《ていど》なら、やり方《かた》を変《か》えるといいかもしれませんね。

やり方《かた》っていっても、いったいなにをどう変《か》えればいいのでしょうか？

たとえば、人《ひと》には、どうしても「合《あ》う」「合《あ》わない」の相性《あいしょう》があるから、教室《きょうしつ》や先生《せんせい》を変《か》えてみるというのもひとつの手《て》だと思《おも》う。実際《じっさい》、先生《せんせい》を変《か》えただけで、急《きゅう》にその習《なら》い事《ごと》が楽《たの》しくなったという人《ひと》もけっこういるよ。
長《なが》く続《つづ》ける工夫《くふう》というのは、いろいろあるし、**長《なが》くやっていることで「自信《じしん》がつく」ことがあるのも事実《じじつ》**。だから、自分《じぶん》が続《つづ》けられそうなものは、できるだけ続《つづ》ける。これが、あとでキミの力《ちから》の源《みなもと》になるはずだよ。

齋藤流 考えるヒント！

続《つづ》けられるものが向《む》いているもの！自分《じぶん》が「好《す》きだ」「楽《たの》しい」と思《おも》えるものを、じっくりと探《さが》してみよう！

ギモン 16

アイドルに夢中《むちゅう》になるって、おかしなことなの？

A

おカネもかかるし、なんの役《やく》にも立《た》たないから、「オタク」なんてやめたほうがいい！

B

あこがれのアイドルのため、
全力《ぜんりょく》をつぎ込《こ》むのも
また生《い》き方《かた》のひとつ！

先生《せんせい》はよくテレビに出《で》ますよね。もし、ボクの大《だい》好《す》きなアキバ系《けい》のアイドルグループに会《あ》ったら、メンバーにサインをお願《ねが》いできませんか。

アキバ系《けい》のアイドルねぇ。うーん、ボクが出《で》る番組《ばんぐみ》ではあんまり会《あ》いそうもないな……。ちなみに「推《お》し」はだれなの？

カシワ……、いや、やっぱもういいです。どうせ先生《せんせい》もボクのこと、「アイドルなんかに夢中《むちゅう》になって……」と思《おも》っていますよね？

そんなことはないよ。「先生《せんせい》も」ってだれかになにかいわれたの？

お姉《ねえ》ちゃんにバカにされました……。

先生《せんせい》はね、アイドルの追《お》っかけもムダだと思《おも》わないし、やめろなんてこともいわないですよ。なぜかというと、冬斗《ふゆと》くんは好《す》きなアキバ系《けい》アイドルたちからエネルギーをもらっているわけでしょ。

そりゃあもう。生《い》きるよろこびをもらっていますよ！

もう卒業《そつぎょう》してずいぶんたったけど、先生《せんせい》の大学《だいがく》の教《おし》え子《ご》にもね、ずっとある歌《か》

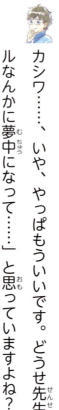

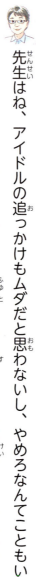

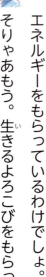

手《しゅ》を追《お》っかけている子《こ》がいたんだ。このあいだ久《ひさ》しぶりに会《あ》ったので、「いまもコンサートに行《い》っているの？」と聞《き》いたら、「行《い》っています！」ってうれしそうに答《こた》えていましたよ。

いまでもライブを観《み》ると、すごく元気《げんき》をもらって帰《かえ》ってくるのだとか。それで、自分《じぶん》も仕事《しごと》をがんばろうって気持《きも》ちになれるそうなんです。

仕事《しごと》のパワーかぁ。あっ、まさかバリバリ仕事《しごと》をしている先生《せんせい》にもアイドルがいるなんてことは……。

実《じつ》はいます。先生《せんせい》の「アイドル」は、スペイン、FCバルセロナのメッシ選手《せんしゅ》。サッカーの試合《しあい》を観《み》るのが大好《だいす》きで、とくにスペインリーグを欠《か》かさず観《み》ています。もちろん、お目当《めあ》てはメッシ選手《せんしゅ》ね。**かれこれ5年以上《ねんいじょう》、メッシ選手《せんしゅ》の出《で》た試合《しあい》をすべて観《み》ている**んですよ。

へえ、もう立派《りっぱ》な「追《お》っかけ」ですね。

ハハハ。そうかもしれないね。なぜこんなに観《み》ているのかというと、彼《かれ》のプレ

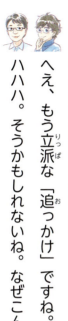

ーを目《め》にすると、自分《じぶん》のなかにあるエネルギーに火《ひ》がつく感《かん》じがするから。とにかく、**彼《かれ》のアグレッシブで天才的《てんさいてき》なプレーを観《み》るとテンションが上《あ》がって仕事《しごと》のやる気《き》が出《で》る。**もちろん、自分《じぶん》の仕事《しごと》とサッカーはなんの関係《かんけい》もないんだけど、すごいものを見《み》ると、感動《かんどう》して、心《こころ》も体《からだ》も動《うご》いていくんですね。だから、**好《す》きなアイドルを追《お》いかけるのも、それが結果《けっか》としてエネルギーに変《か》わるのなら、けっして悪《わる》いことじゃない**と思《おも》いますよ。

先生《せんせい》みたいに、サッカー選手《せんしゅ》が好《す》きで追《お》いかけているならカッコ悪《わる》くはないんだろうけど、ボクの場合《ばあい》はアイドルですからね。お姉《ねえ》ちゃんには、「そんなことにばっか夢中《むちゅう》になってどうすんのよ！」といわれちゃいました。

エネルギーが出《で》て、幸《しあわ》せを感《かん》じられるんだったら、サッカー選手《せんしゅ》だろうがアイドルだろうが、対象《たいしょう》はなんでもいいと思《おも》うけどね。少《すく》なくともボクは、他人《たにん》の趣味《しゅみ》をダメだなどとは決《き》めつけません。むしろ、その「好《す》きだ」という気持《きも》ち自体《じたい》を大切《たいせつ》にしたらいいと思《おも》っています。

そうか、オタク趣味《しゅみ》自体《じたい》はべつに悪《わる》いことじゃないんですね。

もちろん、勉強《べんきょう》も仕事《しごと》もせずに、借金《しゃっきん》してまで追《お》っかけているようではダメ。
でも、モチベーションがアップするなら、他人《たにん》に迷惑《めいわく》をかけない範囲《はんい》でやったらいい。あ、「モチベーション」とは、かんたんにいうと「やる気《き》」ね。

たしかにアイドルにハマってからのほうが、勉強《べんきょう》をがんばるようになったかも。

アイドルにしろ、スポーツ選手《せんしゅ》にしろ、プロとして努力《どりょく》しているのはいっしょ。
その姿《すがた》から受《う》けた刺激《しげき》を自分《じぶん》のエネルギーに変《か》えていけるのなら、夢中《むちゅう》になれるものがなにもないより、むしろずっとステキなことだと思《おも》いますよ。

齋藤流 考える ヒント！

エネルギーに火《ひ》がつくなら、きっかけはなんでもOK！ 刺激《しげき》をうまく自分《じぶん》のモチベーションに変《か》えていこう！

ギモン
17

1日《にち》ダラダラすごすことの、いったいなにがいけないの？

A

1日《にち》はどんな人《ひと》にも平等《びょうどう》に24時間《じかん》しかないのだから、計画《けいかく》立《だ》てて有効活用《ゆうこうかつよう》すべき！

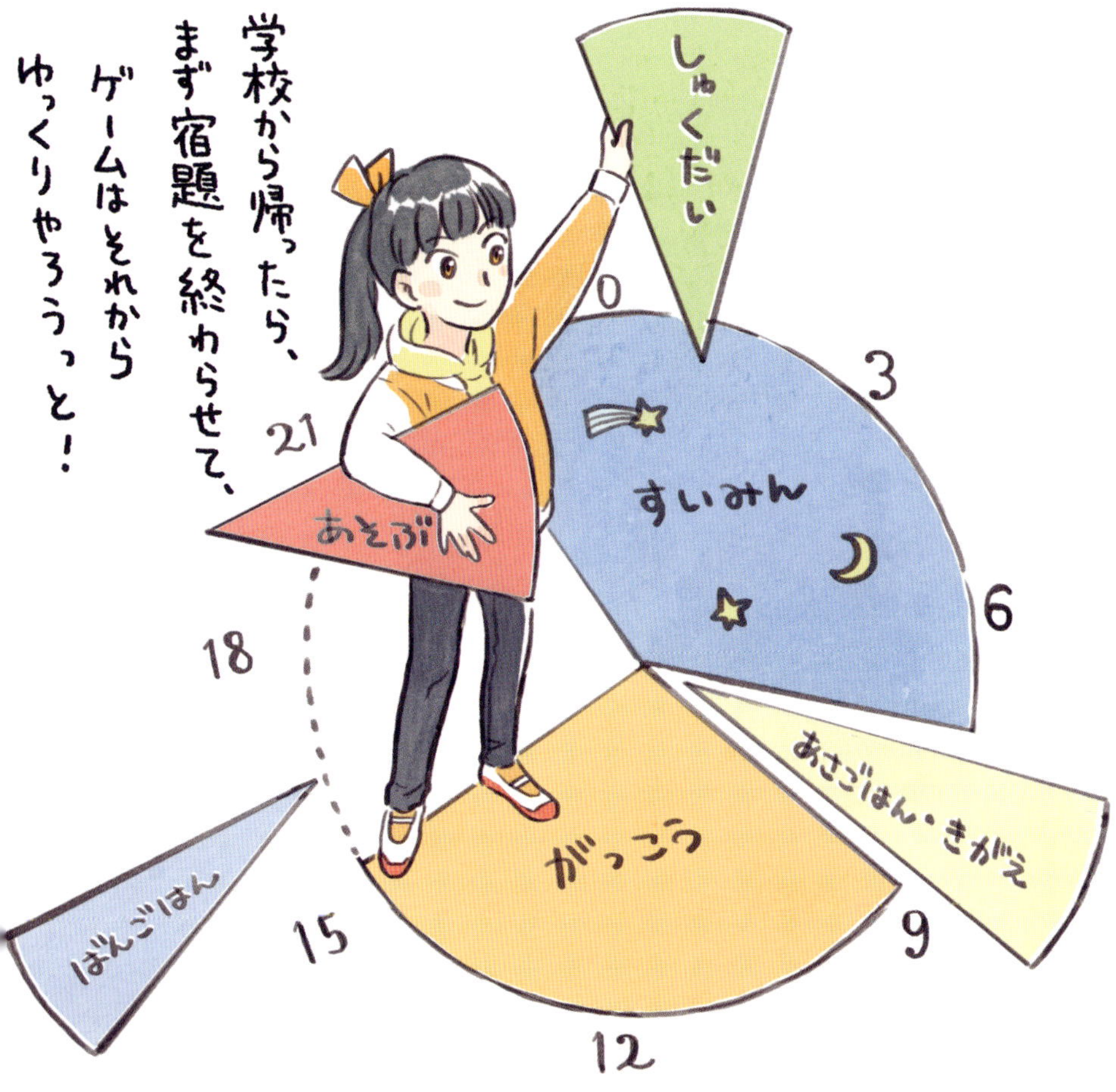

B

また明日《あす》という日《ひ》も来《く》るんだから、
時間《じかん》に対《たい》してあんまり
神経質《しんけいしつ》にならないほうがいいよ！

先生《せんせい》、こないだまたやっちゃいました。気《き》づいたら、1日中《にちじゅう》ゲームしかしていなかったんです……。いったい、どうしてこうなっちゃうんでしょうか？

アハハ。それは困《こま》ったね。では質問《しつもん》。まず、夏樹《なつき》くんは時間《じかん》に対《たい》して、どういう意識《いしき》を持《も》っているのかな？

意識《いしき》……、ですか？

時間《じかん》をうまく使《つか》える人《ひと》と、そうでない人《ひと》の差《さ》というのは、この意識《いしき》の差《さ》にあります。たぶん、夏樹《なつき》くんは時間《じかん》をあまり意識《いしき》して生活《せいかつ》していないと思《おも》うんだけど、ちがうかな？

は、はい……。「気《き》づけばこんな時間《じかん》！」ということがよくあるので……。

そもそも、時間《じかん》はだれにも平等《びょうどう》にあたえられていますよね。せっかく平等《びょうどう》にあたえられているのに、人《ひと》によって時間《じかん》のやりくりがうまい人《ひと》とヘタな人《ひと》がいます。さて、その差《さ》はどこからくるのでしょうか？

さぁ、なんでしょう。生《う》まれつきの才能《さいのう》とか、あるいは時計好《とけいず》きとか？

不正解《ふせいかい》（笑）。キミは「**タイム・イズ・マネー（ときはカネなり）**」という言葉《ことば》を知《し》っているかな。時間《じかん》はたっぷりあるようで、実《じつ》はおカネと同《おな》じようにかぎりがある貴重《きちょう》なモノ。だから大事《だいじ》に使《つか》おうよという意味《いみ》なんだ。

うーん。時間《じかん》が貴重《きちょう》だという意識《いしき》は、まったくなかったなぁ。

時間《じかん》の使《つか》い方《かた》のうまい人《ひと》は、自分《じぶん》がどれくらいの時間《じかん》でなにができるかを知《し》っているから予定《よてい》も立《た》てやすいんですね。まさに料理《りょうり》をつくるときみたいに。

野菜《やさい》をきざんで、次《つぎ》にお肉《にく》を炒《いた》めて、塩《しお》、コショウって感《かん》じですね。

そう。予定《よてい》を早《はや》めにシミュレーションしておく。シミュレーションというのは、頭《あたま》のなかで次《つぎ》の作業《さぎょう》を先取《さきど》りしておくことですね。すると、勉強《べんきょう》が終《お》わったら7時《じ》からご飯《はん》を食《た》べて、8時《じ》からお風呂《ふろ》に入《はい》って……と、流《なが》れるようにやるべきことをこなしていけるんです。

たしかにムダがなさそうですが、そんなこと、やれる自信《じしん》がないなあ。

ひとつの方法《ほうほう》としては、時間《じかん》を計《はか》ってみるというのがオススメ。たとえば、問《もん》

題集《だいしゅう》を解《と》くときに、ストップウォッチを押《お》してから始《はじ》めると、ものすごくはかどるんですよね。1ページごとにかける時間《じかん》を区切《くぎ》るだけで集中力《しゅうちゅうりょく》が増《ま》して、効率《こうりつ》がよくなるんですよ。作業《さぎょう》が早《はや》く終《お》われば当然《とうぜん》時間《じかん》があまりますよね。その分《ぶん》、ゲームをするなりテレビを観《み》るなり、ほかのことができるわけです。

なるほど。時間《じかん》を区切《くぎ》ることによって、ペースがつかめるってわけか。それなら早《はや》くできそうだし、たしかに時間《じかん》を有効《ゆうこう》に使《つか》えそうです。

そうやって自分《じぶん》がどれくらいの時間《じかん》でなにができるのかがわかったら、自然《しぜん》と時間《じかん》の上手《じょうず》な割《わ》りふり方《かた》が考《かんが》えられるよね。

ええ。あとは学校《がっこう》の時間割《じかんわり》みたいに紙《かみ》に書《か》いておけばいいのかな？

そうですね。先生《せんせい》は予定《よてい》を手帳《てちょう》に細《こま》かく書《か》いている。この時間《じかん》は読書《どくしょ》、ここで授業《じゅぎょう》の準備《じゅんび》、それから少《すこ》し休《やす》み、最後《さいご》にここに行《い》って、家《いえ》に帰《かえ》ったら録画《ろくが》しておいた映画《えいが》、それとサッカーの試合《しあい》を観《み》るってね。

うわっ、ずいぶん細《こま》かいなぁ。逆《ぎゃく》にそんなに予定《よてい》を埋《う》められるのか、ちょっと

不安《ふあん》になっちゃうかも。

だいじょうぶ。毎日《まいにち》こうする必要《ひつよう》は実《じつ》はないんだ。大人《おとな》になれば、イヤでもスケジュールを立《た》てなきゃいけなくなるのだから、せめて子《こ》ども時代《じだい》には時間《じかん》に追《お》われない生活《せいかつ》も必要《ひつよう》だと思《おも》う。

それこそ、**今日《きょう》は一日《いちにち》、時間《じかん》を気《き》にせずマンガをひたすら読《よ》むとか、ありあまる時間《じかん》を自由《じゆう》に使《つか》うというのは、子《こ》どもだけの特権《とっけん》**なんだ。そのへんはメリハリつけて、本当《ほんとう》に充実《じゅうじつ》した時間《じかん》、濃《こ》い時間《じかん》、そしてときにはムダなひとときを楽《たの》しみつつ、思《おも》い出《で》に残《のこ》るような日々《ひび》をすごしてほしいですね。

齋藤流 考えるヒント！

時間《じかん》を有効《ゆうこう》に使《つか》えるかどうかは意識次第《いしきしだい》！
ただし、ときには自由《じゆう》に使《つか》うのも忘《わす》れないように！

ギモン 18

控《ひか》えめな性格《せいかく》はなんでダメなの？

A

やっぱり明《あか》るくて積極的《せっきょくてき》だといろんな人《ひと》と仲《なか》よくなれるから、とにかく明《あか》るくふるまうべき！

B

もの静《しず》かな性格《せいかく》のほうが、
魅力的《みりょくてき》だと思《おも》う人《ひと》もいるし、
そもそも短所《たんしょ》と考《かんが》えるのがヘン！

実《じつ》はワタシ、引《ひ》っ込《こ》み思案《じあん》な性格《せいかく》に悩《なや》んでいます。通知表《つうちひょう》にも、「もう少《すこ》し積《せっ》極的《きょくてき》になりましょう」と書《か》かれたし……。お母《かあ》さんにも「直《なお》さないとダメよ」といわれます。どうしたら明《あか》るい性格《せいかく》になれるのでしょうか。

世《よ》の中《なか》では、なんとなく明《あか》るい性格《せいかく》がよくて、暗《くら》い性格《せいかく》はダメという空気《くうき》になっているけど、果《は》たして本当《ほんとう》にそうなのでしょうか。もちろん、いつもニコニコしている明《あか》るい人《ひと》のほうが、つき合《あ》いやすそうには見《み》えます。ただ、だからといって「暗《くら》い人《ひと》はダメ」ともいえないのではないでしょうか。

そうですよね。ワタシがいけないとばかり思《おも》っていましたが……。

たとえば研究者《けんきゅうしゃ》などは、人《ひと》と交《まじ》わるよりも目《め》の前《まえ》の研究《けんきゅう》に没頭《ぼっとう》するほうが好《す》きだからこそ、ときにすごい発見《はっけん》をするわけです。

うーん。ただずっとひとりでいるのが好《す》きというわけでもなくて……。

それなら、気《き》の合《あ》う仲間同士《なかまどうし》が集《あつ》まる場《ば》に行《い》けば、みんなで楽《たの》しめるんじゃないですか。たとえば趣味《しゅみ》の世界《せかい》とか。

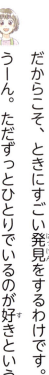

趣味《しゅみ》の世界《せかい》って、冬斗《ふゆと》くんのアイドルみたいな？

まさにそう。先日《せんじつ》、あるアイドルのコンサートに招《まね》かれたときの話《はなし》です。入口《いりぐち》で待《ま》っていた人《ひと》たちはとても静《しず》かで、ちょっと元気《げんき》なさそうにすら見《み》えました。ところが、一歩《いっぽ》会場《かいじょう》に入《はい》ると、みんなにぎやかに話《はなし》をしている。もちろん曲《きょく》が始《はじ》まればノリノリだし、それでいて会場内《かいじょうない》でのルールもきちんと守《まも》る。人《ひと》とぶつかったら「あ、すいません」と譲《ゆず》り合《あ》ったりね。

へぇ。そういう場所《ばしょ》があれば行《い》ってみたいですが、ノリについていく自信《じしん》もないし、どうせだれもワタシの相手《あいて》なんかしてくれないでしょうし……。

ちょっと待《ま》って。春実《はるみ》ちゃん自身《じしん》が、明《あか》るい人《ひと》が魅力的《みりょくてき》で暗《くら》い人《ひと》には魅力《みりょく》がないと思《おも》い込《こ》みすぎ。「自分《じぶん》は暗《くら》い」という人《ひと》にも、魅力的《みりょくてき》な人《ひと》はたくさんいますよ。たとえば、**TBSの人気《にんき》アナウンサー・安住紳一郎《あずみしんいちろう》さん。彼《かれ》は私《わたし》の教《おし》え子《ご》なんですが、もともと明《あか》るくポジティブな性格《せいかく》ではない**んですね。本人《ほんにん》もそれを自覚《じかく》していて、実際《じっさい》にオタクっぽいところがあるともいっていました。

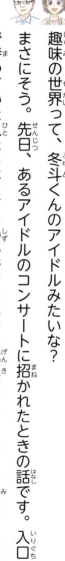

へぇ。あれはキャラじゃなくて素《す》の自分《じぶん》だったんですね。

でも、彼《かれ》は話《はなし》が上手《じょうず》だし、ジョークもすごくおもしろい。あえてネガティブな視点《してん》から話《はな》すから、すごく共感《きょうかん》できるところもある。実際《じっさい》、「彼《かれ》には、暗《くら》い部《ぶ》分《ぶん》があるから魅力的《みりょくてき》」という人《ひと》もいるんですね。

なるほど。暗《くら》さを強《つよ》みにすることもできるということですね。

もちろん、人前《ひとまえ》でずっと暗《くら》い顔《かお》をしているよりは、明《あか》るいほうがいいから、そのへんはできる範囲《はんい》で努力《どりょく》するのが、いいと思《おも》います。ちなみに先生《せんせい》も、意外《いがい》と暗《くら》いところがあるんです。

えっ？　先生《せんせい》が暗《くら》い？　意外《いがい》。テレビで見《み》る先生《せんせい》はとても明《あか》るくて、人《ひと》づき合《あ》いもよさそうですが……。

自分《じぶん》に暗《くら》い部分《ぶぶん》があるのがわかっているからこそ、人前《ひとまえ》では明《あか》るくするように気《き》をつけているんです。

人《ひと》と話《はな》したり仕事《しごと》をしたりする場所《ばしょ》で、ひとりだけブスっとしていたら雰囲気《ふんいき》

が悪《わる》くなりますよね。だから、**人《ひと》といっしょにいるときは、とりあえず上機嫌《じょうきげん》でやろうというルールを決《き》めた**んです。自分《じぶん》の不機嫌《ふきげん》を人《ひと》にうつさない。「ここはそういう空間《くうかん》だから」とスイッチを切《き》り替《か》える。こうしたことは、心《こころ》がければできるんですね。

あ、そっか。暗《くら》いというより、いつも不機嫌《ふきげん》がマズイのかもしれないのかぁ。

暗《くら》いのは気《き》にしなくていいんです。もちろん、ムリに明《あか》るくふるまう必要《ひつよう》もない。ただみんながいる場《ば》では、できることなら上機嫌《じょうきげん》でいようとするほうがいいかな。それが「社会性《しゃかいせい》」というものですからね。

人《ひと》に自分《じぶん》の不機嫌《ふきげん》をうつさない努力《どりょく》は大事《だいじ》！
ただ、暗《くら》い性格《せいかく》を気《き》にする必要《ひつよう》はまったくない！

やっぱり人《ひと》は見《み》た目《め》が大事《だいじ》なのでは？

ギモン 19

A

**人《ひと》はまず顔《かお》とかを見《み》るんだから、
とりあえず見《み》た目《め》を大事《だいじ》にすべき。
中身《なかみ》はあとから変《か》えればいい！**

B

見《み》た目《め》やそぶりには必《かなら》ず
その人《ひと》の特徴《とくちょう》があらわれるから
なにより中身《なかみ》をみがかないと！

よく「人《ひと》は見《み》た目《め》で判断《はんだん》してはいけないよ」って、お父《とう》さんからいわれます。ところが、こないだ見《み》ちゃったんです、そんなお父《とう》さんが、『人《ひと》は見《み》た目《め》でほとんど決《き》まる！』っていう本《ほん》を読《よ》んでいるところを。いったい、どっちが真実《しんじつ》なのでしょうか？

アハハ。まぁ、**見《み》た目《め》で人《ひと》の印象《いんしょう》が決《き》まることがあるのは事実《じじつ》**ですよ。ただしそれは、イケメンであるかどうかということではありません。重要《じゅうよう》なのは、清《せい》潔感《けつかん》があるかどうかということなのです。

清潔感《せいけつかん》って、きちんと毎日《まいにち》お風呂《ふろ》に入《はい》ったり、歯《は》をみがいたり、ツメが伸《の》びたら切《き》ったりってこと？

そう。ごくごく当《あ》たり前《まえ》のことをふつうにやり続《つづ》ければ、自然《しぜん》と出《で》てくるもの。先生《せんせい》の教《おし》え子《ご》にも、それまでだらしない雰囲気《ふんいき》だったのが、会社《かいしゃ》に入《はい》るために行《おこな》う就職活動《しゅうしょくかつどう》、いわゆる「シューカツ」のためにバッチリ身《み》だしなみを整《ととの》えたら、すごくしっかりとした人《ひと》がいます。**見《み》た目《め》が清潔感《せいけつかん》あふれるようになると、**

人格《じんかく》までがきちんとしてくるんですね。

うん。たしかに、髪《かみ》の毛《け》ボサボサで服《ふく》もヨレヨレの人《ひと》より、スーツをビシッと着《き》こなしている人《ひと》のほうが感《かん》じがいいなぁ。ただ、そうなるとやはり、見《み》た目《め》が重要《じゅうよう》ということになるのでは？

いや、「**過《す》ぎたるは猶及《なおおよ》ばざるが如《ごと》し**」という言葉《ことば》を知《し》っていますか。「何事《なにごと》もやりすぎるのは、やり足《た》りないのと同《おな》じくらいよくない」という意味《いみ》です。つまり、外見《がいけん》だけにこだわりすぎるのはやっぱりよくないということ。
実《じつ》は日本《にほん》は時代《じだい》をさかのぼればさかのぼるほど、見《み》た目《め》より中身重視《なかみじゅうし》の社会《しゃかい》だったんですね。イケメンだからトクをするということはあまりなくて、もうちょっとちがう部分《ぶぶん》で評価《ひょうか》されたのです。「教養《きょうよう》のある人《ひと》」とか「知識《ちしき》のある人《ひと》」がモテたんですね。

じゃあ、お父《とう》さんの読《よ》んでた本《ほん》じゃないけど、いつから「人《ひと》は見《み》た目《め》でほとんど決《き》まる！」っていう時代《じだい》になったんだろう？

先生《せんせい》たちの世代《せだい》ぐらいかなぁ。そのころから、足《あし》が長《なが》いとカッコいいとか、見《み》た目《め》を重視《じゅうし》する傾向《けいこう》が強《つよ》くなったように思《おも》います。ただ、みんなが見《み》た目《め》だけにこだわるようになると、人《ひと》としての中身《なかみ》が軽《かる》くても、カッコさえよければOKということになりかねない。

まぁ、ボクはそれでもいいですけど。中身《なかみ》なんてなかなか判断《はんだん》できないし。

だけど、国全体《くにぜんたい》でカワイイ競争《きょうそう》やイケメン競争《きょうそう》をしていたら、この国《くに》はドンドン悪《わる》い方向《ほうこう》に向《む》かってしまうのではないかなぁ……。

それはさすがにボクもイヤです。

そうでしょ。だから先生《せんせい》は個人的《こじんてき》には、見《み》た目《め》よりも、たとえば本《ほん》を読《よ》んだり、いろんな体験《たいけん》をして頭《あたま》の中身《なかみ》をしっかりさせていくことが第一《だいいち》だと思《おも》うんですね。なぜなら、**人生《じんせい》をたくましく生《い》き抜《ぬ》いていくためには、見《み》た目《め》よりも教養《きょうよう》のほうが役立《やくだ》つことが、はるかに多《おお》い**からなんです。

なるほど。よくわかりました。つまり、見《み》た目《め》と中身《なかみ》のバランスが重要《じゅうよう》だとい

うことですよね。では、どういうところに気《き》をつけたらいいのでしょうか？

先《さき》ほどもいったように、まずは清潔感《せいけつかん》。それから表情《ひょうじょう》です。顔《かお》のつくりは変《か》えられませんが、実《じつ》は**表情《ひょうじょう》というのは意識《いしき》ひとつでいくらでも変《か》えられる**もの。

たしかに、人《ひと》の笑顔《えがお》を見《み》ても、不快《ふかい》な気分《きぶん》にはなりません。

でしょ。つまり、**表情《ひょうじょう》を豊《ゆた》かにすることは人間性《にんげんせい》をみがくことにつながる。同《どう》時《じ》に中身《なかみ》をみがくことで、それが外見《がいけん》ににじみ出《で》てくる**ともいえる。だから、内面《ないめん》をみがくことが重要《じゅうよう》だと先生《せんせい》はいっているわけ。表情《ひょうじょう》にこそ、その人《ひと》の本《ほん》当《とう》の中身《なかみ》があらわれてくるのだから。

齋藤流 考えるヒント！

見《み》た目《め》も大事《だいじ》だが中身《なかみ》ももちろん大事《だいじ》！ 表情《ひょうじょう》を意識《いしき》しながら内面《ないめん》もみがいていこう！

ギモン 20

夢《ゆめ》なんて持《も》っていても意味《いみ》あるの？

A

実現《じつげん》できそうもないアヤフヤな夢《ゆめ》をいだくより、目《め》の前《まえ》の現実《げんじつ》を見《み》るべき！

B

まだまだ将来《しょうらい》は長《なが》いし、
いろんな可能性《かのうせい》があるのだから、
夢《ゆめ》はできるだけ大《おお》きく持《も》とう！

ボクの夢《ゆめ》はサッカー選手《せんしゅ》になることでしたが、うまいヤツが大勢《おおぜい》いるから、すっかり、自信《じしん》がなくなっちゃいました……。

夏樹《なつき》くん、**夢《ゆめ》があるというのはすばらしいこと**じゃないですか。自信《じしん》がないなんていわずに、がんばってプロを目指《めざ》そうよ。

夢《ゆめ》ばかり語《かた》って、プロになれなかったら恥《は》ずかしいからなあ……。

コラコラ。将来《しょうらい》ある若者《わかもの》が、できなかった場合《ばあい》のいいわけをあらかじめ用意《ようい》するのは感心《かんしん》しませんね。そんなことをいっていると、最終的《さいしゅうてき》には「がんばってできなかったらカッコ悪《わる》いから、がんばらないようにしよう」ということになってしまいかねません。**夢《ゆめ》がかなうかどうかよりも、いまは夢《ゆめ》をかなえるために「がんばる」ことが大切《たいせつ》な時期《じき》**だということをわかってほしいな。

そういう先生《せんせい》は、最初《さいしょ》から学者《がくしゃ》になりたかったんですか？

いや、先生《せんせい》が小学生《しょうがくせい》のころは、プロ野球選手《やきゅうせんしゅ》になるのがみんなの夢《ゆめ》だったんだ。当時《とうじ》、長嶋茂雄選手《ながしましげおせんしゅ》、王貞治選手《おうさだはるせんしゅ》というすごいバッターがいて、みんなあこが

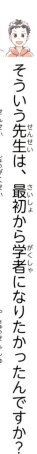

れていたんですね。ところが、中学校《ちゅうがっこう》に入《はい》ったとたん夢《ゆめ》は消《き》えてしまう。なぜなら、うちの中学校《ちゅうがっこう》に野球部《やきゅうぶ》がなかったから（笑）。ただ、先生《せんせい》はテニスも得《とく》意《い》だったものだから、今度《こんど》はテニス選手《せんしゅ》になれないかと考《かんが》えたわけ（笑）。

最初《さいしょ》の夢《ゆめ》はスポーツ選手《せんしゅ》だったんですね。なんだか意外《いがい》です。

でもね、やっているうちに、学校《がっこう》でいちばんうまいとか、地域《ちいき》でナンバーワンだという程度《ていど》では、プロになれないことがわかってきます。そうしていくつもの夢《ゆめ》が破《やぶ》れた結果《けっか》、それじゃあ勉強《べんきょう》をやろうと思《おも》った。勉強《べんきょう》をして大学《だいがく》に行《い》けば、いろいろな可能性《かのうせい》が広《ひろ》がると考《かんが》えたからです。

途中《とちゅう》から勉強中心《べんきょうちゅうしん》に切《き》り替《か》えるのもアリなんだ。参考《さんこう》になるなぁ。

実際《じっさい》に大学《だいがく》に入《はい》って、選択肢《せんたくし》が一気《いっき》に増《ふ》えました。やがて自分《じぶん》の好《す》きなこと、得意《とくい》なこともわかってきた。そして、そうした**得意分野《とくいぶんや》を生《い》かしつつ、そのつど現実的《げんじつてき》な目標《もくひょう》を達成《たっせい》していった先《さき》に、大学《だいがく》の先生《せんせい》という職業《しょくぎょう》があった**のです。

へえ。じゃあ、夢《ゆめ》はいろいろと変《か》わっていったんですね。

夢《ゆめ》は途中《とちゅう》で変《か》わったっていいんですよ。でも、そもそも夢《ゆめ》を持《も》っていないと変《か》えることもできないし、がんばるコツや反省点《はんせいてん》も生《い》かせないですよね。だからこそ、大《おお》きい夢《ゆめ》を持《も》つのはすばらしいことだと思《おも》います。まずはその夢《ゆめ》を実現《じつげん》するために、目《め》の前《まえ》にある目標《もくひょう》に向《む》かってがんばればいい。その目標《もくひょう》を達成《たっせい》していってはじめて到達《とうたつ》できるのが、「夢《ゆめ》の実現《じつげん》」という場所《ばしょ》なんだ。

ということは、「夢《ゆめ》」と「目標《もくひょう》」ってちがうものなんですか。

夢《ゆめ》と目標《もくひょう》はちょっとちがいますね。**夢《ゆめ》というのは、こうなればいいな、と思《おも》い描《えが》いていること。目標《もくひょう》というのは、もっと近《ちか》くにある具体的《ぐたいてき》なもの**です。たとえば、サッカーの強《つよ》い高校《こうこう》に入《はい》るというのも、プロサッカー選手《せんしゅ》という夢《ゆめ》の途《と》中《ちゅう》にある目標《もくひょう》のひとつでしょう。そして、その目標《もくひょう》を達成《たっせい》するために、さらにクリアすべき目標《もくひょう》が見《み》えてくる。志望校《しぼうこう》に入《はい》るためには勉強《べんきょう》もがんばらなければいけないし、足《あし》ももっと速《はや》くならないといけないとか……。

なるほど。目標《もくひょう》が具体的《ぐたいてき》になれば、がんばれそうな気《き》がしますしね。

そうでしょ。そうやって**ひとつずつ目標《もくひょう》をクリアしていくことが、夢《ゆめ》への道筋《みちすじ》を歩《ある》くことになる**わけです。また、**たとえ夢《ゆめ》が実現《じつげん》しなくても、そのためにがんばったエネルギーは、必《かなら》ずどこかで役立《やくだ》ちます**。先生《せんせい》のなかにも、テニスプレイヤーを夢見《ゆめみ》てがんばったころの経験《けいけん》が、たしかに生《い》きていますからね。

やっぱり夢《ゆめ》はでっかく、日本《にほん》のメッシ選手《せんしゅ》を目指《めざ》します！

そうこなくっちゃ！　まずは自分《じぶん》を信《しん》じて、がむしゃらにがんばってみようよ。結果《けっか》として夢《ゆめ》に届《とど》かなくても、そのために一生懸命《いっしょうけんめい》エネルギーをつぎ込《こ》んだということが、キミの財産《ざいさん》になっていくのですから。

齋藤流 考える ヒント！

大《おお》きな夢《ゆめ》を持《も》つのはすばらしいこと！
夢《ゆめ》のためにがんばったエネルギーは将来《しょうらい》必《かなら》ず役《やく》に立《た》つ！

[著者紹介]

齋藤孝（さいとう・たかし）

1960年、静岡県生まれ。明治大学文学部教授。東京大学法学部卒業。同大学院教育学研究科博士課程等を経て、現職。専門は教育学、身体論、コミュニケーション論。『身体感覚を取り戻す』(NHK出版)で新潮学芸賞受賞。『声に出して読みたい日本語』（草思社）がシリーズ260万部のベストセラーになり日本語ブームをつくる。
『頭のよさはノートで決まる』『すぐ使える！ 四字熟語』『「やり抜く力」が磨かれる！西郷どんの言葉』（以上、ビジネス社）、『こども 日本の歴史』（祥伝社)、『超訳こども「アドラーの言葉」』『超訳こども「アインシュタインの言葉」』（以上、KADOKAWA)、『こども孫子の兵法』『こども君主論』『こどもブッダのことば』（以上、日本図書センター）など著書多数。NHK Eテレ「にほんごであそぼ」総合指導、TBSテレビ「情報7days ニュースキャスター」など、TVコメンテーターとしても活躍中。

編集協力：望月太一郎
イラスト：かたおかもえこ

キミたちはどう生きるか？ こどものための道徳 生き方編

2018年3月4日　第1刷発行
2024年3月1日　第3刷発行

著　者　齋藤 孝
発行者　唐津 隆
発行所　株式会社ビジネス社
〒162-0805 東京都新宿区矢来町114番地 神楽坂高橋ビル5F
電話 03(5227)1602　FAX 03(5227)1603
http://www.business-sha.co.jp

〈カバーデザイン〉尾形 忍（Sparrow Design）
〈本文デザイン・組版〉茂呂田剛（エムアンドケイ）
〈印刷・製本〉シナノ パブリッシング プレス
〈編集担当〉大森勇輝　〈営業担当〉山口健志

ISBN978-4-8284-2011-0